踏みにじられた信教の自由

多発する信者失踪事件の背景

太田朝久
Ohta Tomohisa

光言社

はじめに

統一教会信者が突然、拉致監禁され、強制脱会説得を受ける事件が数多く起きています。最初の事件が起こったのは1966年です。以来、40年以上にわたって事件が続発してきたにもかかわらず、警察はいまだに野放し状態です。被害者は確認されるだけでも、実に4000人を超えています。

信者失踪事件が相次ぐ背景には、長年、〝統一教会つぶし〟を目的として反対活動を展開する牧師、弁護士、ジャーナリストなど、いわゆる反対派の活動があります。彼らの主張や活動に取り込まれた親族が、反対派の指導を受けつつ、脱会説得のための拉致監禁の実行行為に当たってきたのです。

反対牧師が〝十字架解釈〟などをめぐるキリスト教の教理論争をぶつけることによって信者を脱会説得し、そこで得た元信者と共に、他の信者に対する脱会説得を行い、新たな元信者（脱会者）をつくりだす。このようにして拉致監禁事件が相次いできました。

また、反対派から統一教会批判の内容を繰り返し聞かされ、宗教的憎悪心を植え付けられた元信者らは、統一教会に対してさまざまな訴訟を起こしてきました。それらの訴訟がマスコミなどで取り上げられることによって、信者の家族や親族らが不安に駆られます。家族が反対派につながった場合には、統一教会に対する不信感をさらにあおられることで、信者に対する強制脱会説得に真剣に乗り出すようになるのです。こうして、新たに獲得する元信者によって、さらに訴訟を起こさせていく。雪だるま式に増えていく脱会者を巧みに用いながら、反対派は〝統一教会つぶし〟という目的達成のために、躍起になって長年、脱会説得活動を行ってきたのです。

ところで、監禁された状態で強制的に「脱会説得」を受けるにもかかわらず、反対派はそれを家族の「話し合い」と主張して事件を隠蔽《いんぺい》してきました。事件が野放しにされてきた要因の一つとして、米国では監禁を重大な犯罪とみなし、たとえ親族による脱会説得目的の監禁であったとしても〝犯罪〟として取り締まるのに対し、日本の場合、犯罪として取り締まらないことが挙げられます。

さらに、たとえ被害者が拉致監禁の被害を民事上訴えても、事件を裏付ける証拠を確保し、提示することが難しい環境と立場にいるために、勝訴して事件を終結させることが容易ではなかったという事情もあるのです。

このような状況が40年以上も続いてきたのです。なかには12年5か月もの長期間、監禁生活を強いられた信者や、監禁の苦しさに耐えきれず、自殺に追い込まれた信者などもいます。また、監禁が原因でＰＴＳＤ（心的外傷後ストレス障害）に苦しみ続ける人もいます。最近も、何の連絡もないまま突如、音信不通となってしまった婦人が複数います。その婦人たちは、それまで毎日のように教会に通っていた熱心な信仰をもつ信者でした。

このような悪質な人権侵害を終わらせなければなりません。

本書は、長年隠蔽されてきた統一教会信者に対する強制的脱会説得事件の実態と、その真相を明らかにするものです。

聖書に、「おおわれたもので、現れてこないものはなく、隠れているもので、知られてこないものはない」（マタイによる福音書10章26節）とあります。

真実が明らかにされ、統一教会反対派によって長年続けられてきた深刻な人権侵害事件が、早急に終息することを心から願います。

２００８年6月13日

著者

【もくじ】

第一章　監禁による脱会説得事件

一、山﨑浩子さん失踪事件の真相

1993年3月6日、山﨑浩子さんが、婚約者の勅使河原《てしがわら》秀行さんに何の連絡もしないまま、突然、失踪しました。

統一教会信者が、実家に帰省した際に音信不通となったり、路上を歩いているときに、何者かに拉致されて行方不明となり、その後、「脱会届」が送られてきたり、場合によっては「献金を返せ」と言って訴訟を起こす事例もあります。そうした背景に、親族らと結託した反対牧師の〝脱会説得活動〟があることを数多く見てきた統一教会側は、「今回の山﨑浩子さんの失踪も、拉致監禁による強制改宗事件である」と訴えました。

世間の注目を集める中、山﨑浩子さんは46日後に姿を現して〝脱会記者会見〟をし、失踪は、統一教会が言う「拉致監禁による強制改宗」ではなく、単なる「親族との話し合い」であったとしました。

「週刊文春」は、他のマスコミの追随を許さず、1993年4月29日号に、彼女の手記を独占掲載しました。そのリード文にも、失踪は「親族との話し合い」とあり、浩子さん自身も、その手記で「統一教会がいう〝強制改宗グループ〟自体が存在しない」（50ページ）と述べ、強制改宗そのものを否定したのです。

彼女は、親族の「場所を変えて話そう」との提案に「逃げることはできない。いや、逃げてはいけないと思った」とし、あくまでも同意の上での話し合いだったとしたのです。

ところが、約1年後に出版された彼女の著書『愛が偽りに終わるとき』（文藝春秋社、1994年3月15日発行）を読むと、「失踪事件」が、同意の上の話し合いであったという主張には、大きな疑問を持たざるを得ません。

彼女の著書には、次のように記されています。（ゴシックは筆者による。以下同じ）

「（姉はなぜ、**こんなバカなことをしたのか**）

姉は世間体を気にするタイプだった。**こんなことをしたら**大騒ぎになるのは目に見えている。**それをやってのけるとは**、**正直いって思ってもみなかった大胆さ**だった。

先日も教会の人に、『お姉さん、大丈夫かしら。一周忌を前に、もう一度人身保護の嘆願書と婚姻届を書いといた方がいいわよ』と言われ、『まあ、姉は拉致・監禁なんて、**そんなだいそれたことはしませんよ**』と答えていたばかりなのに。……〝**反牧**〟のわなにはまった姉たちを恨めしく思った。どんなに私のことが心配だといっても、**これはやりすぎ**

である。私の社会的立場を考えてない。……正常な判断をなくしてしまったのだろう。私は、裏切られた想いでいっぱいになり、腹が立って仕方がなかった。自宅の机の上に置いてきた婚姻届が頭に浮かぶ……」（179~180ページ）

彼女は、「こんなバカなことを」「思ってもみなかった大胆さ」「これはやりすぎ」「腹が立って仕方がなかった」などと述べ、さらに、婚姻届を書いておけば婚約者の勅使河原さんも私を捜しやすかっただろうという〝後悔の念〟を持っているのです。

本当に、これが同意の上の話し合いだったのか、思わず首をかしげてしまいます。浩子さんは、さらに次のように続けます。

「お昼頃に目を覚ました私は、姉たちを相手にしないことに決めこんだ。

（この人たちとは、口もききたくない）

私はフテ寝をして、無言の抵抗を続けた。起きている時は、部屋の隅の三角コーナーにへばりつき、じっと座りこむ。『ごはんを食べなさい』とかなんとか言われても、ウンともスンとも答えなかった」（181ページ）

そして、浩子さんは、一人になれるのはトイレだけなので、何度もトイレに行き、やることがないために、しょっちゅう歯を磨いたと述べているのです。同意の上での話し合いだったら、〝無言の抵抗〟をする必要はないし、また、やることがなくて度々トイレに行き、歯磨きをする必要もなかったでしょう。このように、実に不自然な記述が続きます。

浩子さんは、無言の抵抗を続け、「**あふれ出る涙**をバスタオルで拭う」のに対して、姉は「けっこう快適だよね。私はいいんだよ。一生でも二生でも付き合うから。もう離婚覚悟で来てるんだから、あんたも好きなだけ（ここに）いていいよ」（183ページ）と話し、その姉の言葉に、浩子さんは「とんでもない。**一生、こんなとこにいてたまるか**」と反発します。

そして、「**なんでこんなことする！　なんでこんなことしなきゃいけない！**　私はどこにも逃げない。東京の家でだって話し合いはできる。**こんなの話し合いじゃない。こんなの話し合いじゃない！**」（184ページ）と泣きわめいているのです。〝話し合い〟だとしたら、なぜ、浩子さんは「なんでこんなことする」とか、「こんなの話し合いじゃない！」と言って、泣きわめいているのでしょうか？

そして、勅使河原さんに思いをはせて、次のように述べています。

「勅使河原さんだって、本当に心配しているに違いない。三月七日の夜、十一時過ぎの夜行バスに乗って、一緒に東京へ帰る予定だったんだから、心配しないはずがない。彼もきっと〝拉致・監禁〟だと思っているだろう。

（今頃教会は、〝拉致・監禁キャンペーン〟でも張っているのだろうか。それとも、私がもし脱会することにでもなったらということを考えて、ひた隠しに隠すのか、どちらかしかないな）……無言の時を過ごしても、あきらめてくれそうにない」（185ページ）

こうして、何日間も無言の抵抗を続ける浩子さんでしたが、やがて転機が訪れます。その転機は、姉の涙の〝怒鳴り声〟によって引き起こされました。

おそらく、日がたつにつれ、長期化していく予感に心細くなったのでしょう。浩子さんは「早くしないと、世間が大騒ぎするでごじゃりまする。早く〝反牧〟（反対牧師）を呼んでこいでごじゃりまする」と言って、おちゃらけて見せたと言います。

〝抵抗〟状態の続く9日目の夜に、姉の怒鳴り声が浩子さんを一撃します。姉のこの〝怒声〟は、抵抗を続けてもらちが明かないという絶望感に、浩子さんを追い込んだに違いありません。

姉は、「私が牧師さんとつながっているのは知っているよね」とか、「一生でもあんたにつき合う」（186〜187ページ）と述べて、〝無期限〟ともなり得る、見知らぬマンションでの生活をこのまま続行していくのか、それとも、反対牧師を呼んで統一教会批判の話を聞くのかと迫り、ついに浩子さんは、姉たちがもくろんでいた反対牧師との〝対決〟に応じざるを得ない、と断念したのです。


その時、浩子さんは悲壮なる決意をもって、「**偽装脱会**の方がいいかもしれない。最初は抵抗して、そのうちに……それぐらいの**演技はできるだろう**」（188ページ）と考え、そして、身体の自由の確保できる記者会見の場で、「〝**拉致・監禁**〟**の実体を暴露**」しようと思ったと述べます（189ページ）。

すなわち、浩子さんは、〝拉致・監禁〟されていた「実体」があったことを自ら証言しているのです。それでは浩子さんは、なぜこのとき〝偽装脱会〟を思い描いたのでしょうか。それは、脱会しない限り解放されない状況下に浩子さんが置かれていたからです。

浩子さんは、その後に続く、反対牧師との「神学論争」を克服するだけの知識、および悪意に満ちた反対牧師の統一教会批判を克服するだけの知識が、圧倒的に不足していました。そして、〝孤立無援〟の閉じ込められた空間に置かれ続けていたのです。

このようにして、表向きは、同意の上での「親族との話し合い」としながら、その実態は〝拉致・監禁〟した状況下において、反対牧師や元信者らが統一教会信者に脱会説得を行い、脱会するまで解放しないという、いわゆる「強制脱会」を、反対派は統一教会つぶしを目指して、40有余年、全国的に行い続けてきたのです。

二、森山諭牧師があみ出した監禁説得法

1、最初の監禁事件は1966年

統一教会に反対する牧師たちを中心にして、長年、反統一教会活動が展開されてきました。この反統一教会活動に取り組んで暗躍する牧師を、統一教会信者は「反対牧師」と呼んできました。

その反対牧師が、家族や親族らと結託し、統一教会信者を監禁して脱会説得をするという、いわゆる「強制改宗事件」が頻発してきましたが、初めて事件が起こったのは1966年で、今から42年前です。

監禁して脱会説得をする手法をあみ出したのが、故・森山諭牧師（日本イエス・キリスト教団、荻窪栄光教会）でした。

森山牧師は、「統一協会と最初に出合ったのは1961年でした」（「クリスチャン新聞」87年8月23日）と言いますが、自叙伝『夕べ雲焼くる』（荻窪栄光教会出版部、初版19

83年4月30日）で、次のように述べています。

「昭和四一（1966）年の早春からキリスト教異端との戦いが始まった。……最も激しい異端との戦いは、統一協会（注：正式には「統一教会」ですが、反対派はよく統一協会と表示します）のそれである。……私は両親なり兄弟なりが三、四人、逃げられないよう看視してほしいと頼んでお迎えする。……

北海道北見市の姉妹は……『兄が東京で交通事故で重態だ』と、両親とおじがだまして連れてきた。すると兄が私の牧師室で待っていた。『だましたね』と憤慨はしたが、家族に取り囲まれて逃げられない。……

最も感動的だったのは、某ミッション大学の学生が、下宿を引き払って（統一）協会に飛び込んだのを引き出そうと、十三人の学友がスクラムを組み、ある者は信徒の両親も加えて、巧みに彼女をタクシーに乗せて連れてきた。私が少しカウンセリングを始めると……『私はここに用はない』と牧師室を飛び出した。するとその前に数名の男子のクラスメートが手を広げて立ちふさがったのである。彼女は逃げようとすきをうかがったが、学友が徹夜で警戒し、トイレの窓を開けたら、そこにも見張りがいる。ついに三日目、統一協会のまちがいと真の福音とがわかり……今は……私たちの（荻窪栄光）教会のメンバーで

ある」（268～275ページ）

森山牧師のあみ出した、この〝監禁形態〟をとる脱会説得事件が起こってから、すでに40有余年が経ちますが、この間、判明できるもので4000件を超える事件が発生しています。これは驚くべき数です。

2004年11月号「月刊現代」（講談社）に、ジャーナリストの米本和広氏が脱会説得事件をレポートしましたが、ある反対牧師の証言を、次のように紹介しています。

「私が保護（拉致監禁）説得したのは230人です。Mさん、Fさんだったら、それぞれ800人はやっている。すべての牧師を合わせれば、最低でも5000人はいるでしょう」（289ページ）

そして、脱会説得事件に伴う悲惨な事例を、次のように紹介しています。

「監禁された信者の中には、脱出を試みて洗剤を飲んだ者（京都）、同じくトイレで消毒液を飲んだ者（東京）、逃亡のため高層階のベランダから飛び降り、今なお後遺症に苦しむ者（兵庫）、そして監禁中に自殺した者（京都）もいる。刑法に反する危険な行為であることを知りながら、（反対牧師は）保護説得の必要性を信者家族に説き、拉致監禁へと誘導する」（303ページ）

反対牧師らは、統一教会信者が監禁されている現場に足を運び、悪意に満ちた教理批判をし、また、文師に対する誹謗中傷などを聞かせ、統一教会信者に不信感をあおり立てて、棄教へと追い込みます。その間、孤立無援の環境に置かれる信者は、反対牧師や元信者らによる激しい脱会説得を受けるのです。

そして、脱会に成功すると、反対派は、場合によっては元信者に裁判を起こさせ、宗教法人である統一教会をつぶそうと画策してきました。

いわゆる「青春を返せ裁判」「婚姻無効裁判」、その他、献金を返せと訴える裁判など、元信者による裁判の背景には、このような反対牧師らによる脱会説得事件が深く絡んでいるのです。

2、隠された宗教的動機

40年以上にもわたって暗躍してきた反対牧師ですが、実は、そこには隠された宗教的動機があることを知らなければなりません。

1974年、「キリスト新聞」紙上で、キリスト新聞の主筆であった武藤富男氏が、統一教会会長代理（当時）の小山田秀生氏と、「『原理』と語る」と題して、計8回にわたって対談しました（8月3日号～9月28日号）。

この武藤氏と小山田氏の紙上対談を契機として、日本のキリスト教界全体に反統一教会の気運が巻き起こったのです。その火つけ役となったのが、森山諭牧師でした。以来、「クリスチャン新聞」には、度々統一教会に対する批判が掲載されました。

森山牧師は、統一教会批判書『統一協会のまちがいについて』（クリスチャン文書伝道団発行）を1966年5月25日に出版するなど、一貫して反統一教会活動を行い続けてきた人物です。

森山牧師を中心とする反対派の批判は、風聞に基づくものでしたが、「統一教会では洗脳している」「淫らなことをしている」「物売りをやらせている」「殺人も平気でする」「リンチが行われている」「統一教会の敷地内に死体が埋められている」といった内容で、その批判内容の凄まじさには驚かされるものがありました。そのような根も葉もないうわさが、ずいぶん古くから語られていたのです。

「クリスチャン新聞」1976年3月21日号に、森山牧師の記事が掲載されました。その記事は、「〝原理〟から〝福音〟へ、信徒導入法を森山師語る」と題するもので、再臨待望同志会が「統一協会問題対策セミナー」を開催した報告として掲載されたものです。そこには、次のように書いてありました。

「統一協会は理論と実践の二重構造によって信徒を支配している。このような信徒をどのようにすれば説得できるのか。また福音に導けるのか。……

説得にあたっては信徒一人に対して4時間から、8時間くらい連続して聖書解釈を中心に、対話を続ける必要がある。……

統一協会と正統派の教会の争点となる聖書の箇所——贖罪《しょくざい》論・メシヤ論・再臨論——などの聖句を読ませ、まず彼らにその学んだ解釈を語らせてから、改めて、その聖句の前後関係を示し、原理福音（注：統一原理のこと。ただし、これは森山牧師の造語）の解釈の誤りを指摘しながら、彼らの思考力が働くように誘導する。……

聖書解釈の比較ができるようになると、彼らの確信していた教理も空中分解し、中には泣き出す者も出てくる。この時点で彼らの精神状態は虚脱状態、混迷状態に陥る。
それが少し冷静になるのに1日か2日かかるが、その後に、正しい福音を伝えると、みごとに救いに導かれる。それから彼らの原理から受けた後遺症がとり除かれるまでにはひと月ぐらいかかる。その間は、その信徒を牧師の手許に置いて導く必要がある。
この結果、回心した彼らはその後、りっぱなクリスチャンとなり、逆に統一協会の信徒を救い出そうと伝道を始めるようになる」

また、新聞の同じページに、「『原理』青年の説得法」と題する吉田弘牧師の記事が掲載されていました。

「親の元に戻ってきた統一協会の青年5名を紹介され、彼らとの対応が求められた。継続的に、あるいは折を見て、という方法で関わるようになったが、継続的に対応した青年は、長くて数カ月、集中的に3週間であった。……具体的に、どのように対応したかといえば、『対話』を中心にすえながら、『聖書』を共に学ぶということでした。……聖書のテキストは、（統一）原理の争点と思われる箇所――マタイ11の1～19、ヨハネ1の19～23、ロマ3の12～31、創世記2・3章等――と、『山上の説教』を主に選んだ」

これらの記事に見られるように、反対牧師が何を最も問題視しているのかといえば、統一教会の「聖書解釈」が従来のものとは違っているという、まさに〝教理〟なのです。ゆえに、統一教会信者に文師を不信させ、その信仰を棄てさせるには、伝統的なキリスト教の聖書解釈を中心に据え、統一教会の教えが間違いであると思い込ませるのです。その方向で批判し、脱会へ誘導していこうというのです。

そして、脱会説得で得た元信者は「クリスチャンとなり、逆に統一協会の信徒を救い出そうと伝道を始めるようになる」のです。こうして新たな監禁による脱会説得事件が起こされるようになっていきました。

反対牧師をして、脱会説得活動に積極的に駆り立てさせる、その〝動機〟となるものは、実に、キリスト教史の中で頻繁に見られた、〝魔女狩り〟と同様の意識なのです。

事実、森山牧師は、『現代日本におけるキリスト教の異端』（以後、『……異端』）で、反対する動機を、次のように告白しています。

「原理福音の神が汎神論の神であり、その創造の原理が易経の陰陽道に基礎づけられているとなりますと、これはキリスト教ではあり得ないのです。だから、**彼らがキリスト教を**

名乗らなければ、問題にする必要もありません。しかし、彼らがキリスト教を名乗り、文鮮明を再臨のキリストに担ぎあげ、聖書をでたらめに解釈して人々を惑わすので、放っておけないのです」（132ページ）

ちなみに、統一教会の教えは、森山牧師がいうような〝汎神論〟ではありません。統一教会は、キリスト教と同様に、森羅万象を創造された唯一なる「創造神」を信奉しています。また、創造原理が易経の陰陽道に基礎づけられているという事実もありません。

3、他の牧師に伝授された監禁説得法

1976年に行われた、この「統一協会問題対策セミナー」での森山牧師の指導によって、その後、他の牧師にも脱会説得法が伝授され、〝拉致監禁〟を伴った脱会説得活動が、全国的な規模で組織的に行われるようになっていきました。

森山牧師の著書『……異端』は、30数年を経た今日も、脱会説得現場で統一教会信者を説得するための教材として使用されることがあります。この書籍は、統一教会批判書の草分け的存在となったものですが、その書籍に多くの誤りが含まれているならば、そこから

派生した他の批判書がどのような類のものかは、推して知るべしでしょう。

森山牧師は、統一教会は「洗脳する」「平気でうそをつく」「殺人を行う」「リンチをする」「血分けをしている」などと批判し、親族らに不安をあおり、猜疑《さいぎ》心を持たせています。真相を知らない統一教会信者は、〝監禁〟という特殊な環境も影響してのことですが、反対牧師の欺瞞《ぎまん》性を見抜けず、「本当は〝血分け〟があったのではないか？」と疑ったり、また、伝統的な聖書解釈と異なっているという〝宗教的理由〟から棄教し、「統一原理は間違いであった」「統一教会にだまされていた」と判断してしまうこともあるのです。なかには、統一教会はＫＣＩＡによって組織された「謀略団体」であるといったデマを信じ込まされることによって、脱会に至ってしまう場合もあります。

いずれにせよ、反対牧師は、なぜこうまで熱心に、統一教会問題にかかわってきたのでしょうか？　そこには、信仰上の理由が深く絡んでいることを知らなければなりません。

詳細は後述していきますが、伝統的なキリスト教の聖書解釈では、十字架が〝絶対予定である〟としてきたのに対し、統一教会は、それを〝二次的な予定〟と主張している点、および『原理講論』の聖句引用の仕方が適切か、適切でないのかといった点など、反対牧師はこれらの宗教的な問題に対して、大きなこだわりをもっているのです。

さらに、文鮮明師は〝再臨主〟なのか、それとも聖書に預言された〝偽キリスト〟なのかという点も、重大な関心事となっています。

したがって、反対牧師の脱会説得を受け、文師や統一教会が信じられなくなって脱会した元信者は、異口同音に「文は偽キリスト」「文はサタン」「十字架に敵対する教え」などといった宗教的理由を述べ、統一教会批判を展開するようになるのです。

反対牧師や元信者が統一教会に深く関心をもつのは、ちょうど2000年前にも、メシヤの到来を待ちわびていたユダヤ人が、寝ても覚めてもイエスのことが気がかりとなり、ついにイエスに詰め寄って、「いつまでわたしたちを不安のままにしておくのか。あなたがキリストであるなら、そうとはっきり言っていただきたい」(ヨハネによる福音書10章24節)と追及せざるを得なかったのと、同じ動機であると言えるのです。

三、統一教会を異端と決めつける

1、異端審問的動機からの反対活動

最初に反統一教会活動を始めた森山諭牧師は、1966年に『統一協会のまちがいについて』（クリスチャン文書伝道団）を出版しました。それを読めば、統一教会に反対する動機が、より明瞭となってきます。

森山牧師の批判の要点は、一言で言うと、統一教会の教えは伝統的キリスト教の教理と異なっており、「異端である」というものです。

森山牧師は、脱会説得活動を始めてから10年後、前述した『……異端』を出版しました。その書も、統一教会の教理批判が主要な論点となっています。その冒頭部では、「総論」として、キリスト教史に現れた異端が紹介されており、それに続いて、〝正統〟と呼ばれるキリスト教の教理はどうあらねばならないのかについて説明した上で、「本論」として、統一教会批判をしています。

結局、森山牧師が反対する動機は、統一教会の教えが伝統的なキリスト教のそれと違っている、という点に集約されるのです。それらの要点を挙げると、次のようになります。

①正統は、聖書の〝完全無欠性〟を説く。聖書は神の啓示、誤りなき真理である。ところが、統一教会では、聖書は真理を教示する教科書だと言い、〝新しい真理〟の必要性を主張している。これは異端である。

（注）聖書の完全無欠性を説き、誤りなき真理とする〝逐語霊感説〟の立場がありますが、19世紀以降、大きな発展を遂げた〝聖書批評学〟によって、今日の神学界においては、よほど頑固な根本主義者（ファンダメンタリスト）でない限り、ほとんどの神学者は、〝逐語霊感説〟を支持しておらず、統一教会と同様に聖書を「無謬《むびゅう》の書」とは見ていません。

②正統は、神（父）・キリスト（子）・聖霊は一つの実体であるという〝三位一体〟を信じる。イエスは、真の神にして真の人である。ところが、統一教会では、イエスは神ご自身ではなく、個性完成したアダム（人間）であると説いている。これは異端である。

③正統は、十字架の贖《あがな》いを信じる〝信仰〟によってのみ救われると説く。ところが、統一教会では、十字架は本来の予定ではなく、当時のユダヤ教の不信の結果であるとし、霊的救いのみで終わったと主張する。これは異端である。

④正統は〝空中再臨〟と〝肉体の復活〟を信じる。死からよみがえったイエスはオリーブ山から昇天した。ゆえに、もう二度と死なない〝栄光の体〟をもってオリーブ山（エルサレム）に再臨する。ところが、統一教会は、再臨主が女の腹から生まれ、しかも韓国に再臨すると言う。これは異端である。

以上のような信仰上の理由から、森山牧師は、反統一教会活動を熱心に展開してきたという事実を知らなければなりません。

そのような動機があるからこそ、森山牧師は、1974年に「キリスト新聞」紙上で、武藤富男氏と小山田秀生氏が「『原理』と語る」と題して対談したとき、武藤氏が統一教会を好意的に取り上げ、「われわれが宣《の》べ伝えているキリストと同じではなかろうか」とエールを送ったことにかみついたのです。

その直後、武藤氏は、森山牧師に同調する「クリスチャン新聞」から直撃インタビューを受けました。一面トップで掲載されたその記事は、まるで武藤氏の〝信仰チェック〟でもしているかのような、異端審問的な論調でした。

そうやって、キリスト教内部に、統一教会の協力者が現れないように、森山牧師を中心として論陣が張られていったのです。

後述しますが、やがてその批判の矛先は、統一教会と交流をもつ牧師に向けられ、「なぜ統一教会に協力するのか⁉」という主旨で一人一人が追及され、つるし上げられていくことになります。

統一教会と交流する牧師が表立って統一教会を擁護できない中、1966年から始まった監禁形態をとる統一教会信者に対する脱会説得の暴挙を、だれも諫《いさ》めることができず、徐々にエスカレートしていくことになります。

2、数多くの事実誤認

森山牧師の『……異端』には、数多くの事実誤認があります。間違いで埋め尽くされているといっても過言でないほどです。それは、森山牧師が、自らの目で事実確認をせず、単なる風聞や邪推によって、または悪意をもって書いているために起こったものです。

その事実誤認をいくつか挙げると、統一教会の正式名称が間違っていること（108ページ）。〝血分け〟の記載（109、113〜114ページ）。文師が8人の妻と結婚したとの記載（115ページ）。西川勝氏に代わって金永雲女史が日本の指導者になったとの記載（118ページ）。金永雲女史と松本ママ（道子）は別人なのに、混同して書いていること（118～119ページ）等々。誠意をもって、少し調べればすぐ分かるようなことまで、森山牧師は、平気で間違っているのです。

3、再臨主は「雲に乗って」来るという信仰観

再臨を待望するクリスチャンにとって、大きな疑問点となるのが、再臨主は、聖書に書かれたとおり〝雲に乗って〟来られるのか、それとも、統一原理がいうように、〝女の腹〟から生まれるのかという問題です。

現代人にとっては、非科学的と思われるかもしれませんが、保守的信仰をもつクリスチャンは、2000年前に、イエスは復活し、もう二度と死なない〝栄光の体〟（栄化体《えいかたい》）をもって高挙《こうきょ》（昇天）したと信じており、それは、死体が忽然《こつぜん》と消えた「空虚な墓」によって裏付けられると考えています。ゆえに、再臨主は、復活したイエスご自身が、もう二度と死なない〝栄光の体〟をもって「雲に乗って」来られると期待しているのです。

統一教会を批判する浅見定雄氏も、浅見氏自身がそれを信じているかどうかは別として、「聖書の教えでは再臨のメシアはもう二度と死なない存在である。しかし文鮮明は必ず死ぬ」（『「原理講論」の仮面を剥《は》ぐ』1ページ）と述べており、保守的なクリスチャンの

〝不信感〟をあおろうとしています。

この「再臨主は二度と死なない」という考え方は、保守的信仰をもつクリスチャンにとって、文師を信じるネックとなっているものです。また、そのような信仰観から、再臨主は「雲に乗って」来ると真剣に信じることができるのです。

そのことを踏まえて、浅見氏は「孫悟空ではあるまいし、イエスが本当にあの水蒸気の凝固・氷結した雲に乗っておいでになると本気で思っているクリスチャンは今どき多くない」(同書、21ページ)と述べています。この発言からして、どうやら浅見氏は、再臨主が「雲に乗って」来るとは信じていないようです。

実は、浅見氏のようにリベラルな信仰観に立つクリスチャンは、イエスが二度と死なない〝栄光の体〟をもって復活したと、文字どおりには信じていません。極端な仮説では、空虚な墓は、野生の犬などがイエスの死体を持ち去ったために起こったというのです。このように、復活自体を信じていないため、リベラルな神学者は、再臨主が「雲に乗って」来るということを信じていないのです。

そのような立場の人が、「文師は再臨主」と聞くと、それは偽キリストに違いない、なぜなら、イエスの復活は文字どおりに起こったのではないのだから、再臨するはずもない。おそらく、文という男は〝世界制覇〟という野望をもっており、それを果たす手段として、キリスト教信仰を悪用しているに違いない、と疑ったりするのです。

それで、保守的なクリスチャンが、「文は偽キリスト」と不信するのとは違った動機と理由をもって、リベラルなクリスチャンたちは、「文は偽キリスト」と不信することになってしまうのです。

しかし、雲に乗って来るという意味は、『原理講論』が論じるように「重生した信徒たちの群れの中で、第2イスラエルであるキリスト教信徒たちの指導者として現れるということを意味する」（579ページ）と解釈すれば、十分に受け入れることのできる内容です。

1918年に再臨運動を展開した内村鑑三も、「キリストが雲に乗りて来り給うという記事を非科学的なりと嘲笑する者に対し、マタイ伝24章30節において『雲に乗り来る……』の『乗り』は原語にはない。雲に乗り来るは訳者の意訳である。ヘブル書12章1節『多くの証人に雲の如く囲まれ……』とあるように『雲』は詩的表現と見て『キリスト天の聖徒の群を率いて来り給う』と解して誤りではない」（関根正雄編著『内村鑑三』清水書院、128ページ）と解釈しています。

いずれにせよ、保守的なクリスチャンと、リベラルなクリスチャンでは、それぞれ異なった動機から、文師を〝偽キリスト〟として排斥し、反対しているという事実を知らなければなりません。

四、監禁による脱会説得事件の歴史

1、反対牧師と左翼陣営とが連携

さて、反対牧師が暗躍してきた〝40有余年間〟を概観すれば、次の4つの期間に区分してとらえることができます。

①第Ⅰ期【1966年～76年】
福音派の立場である森山諭牧師が、〝監禁形態〟による脱会説得のやり方を確立していった期間。

②第Ⅱ期【1976年～87年】
森山牧師のやり方が「統一協会問題対策セミナー」などを通じて、他の反対牧師に伝授され、強制脱会説得事件が増加した期間。

また、日本共産党が「統一教会つぶし」を宣言し、それに呼応するように、日本基督教団の一部の反対牧師らが暗躍し始めた期間。

③第Ⅲ期【1987年〜97年】

マスコミのいわゆる〝霊感商法〟報道が展開されるなかで、脱会説得事件が激増した期間。また、日本基督教団が教団としての取り組みを開始し、反対牧師、ジャーナリスト、反対弁護士などの協力関係が強化された。

④第Ⅳ期【1997年〜現在】

1997年、脱会説得事件における悪質な事件が発生。被害に遭った統一教会信者が、反対牧師などを相手取って裁判を起こしたのをきっかけに、脱会説得事件の発生件数が減少する。

第Ⅰ期は、森山牧師が福音派の立場から「統一教会は異端」という動機をもって脱会説得を行った期間です。1967年7月7日、朝日新聞の夕刊に「親泣かせ原理運動」の報道があり、その報道に不安をあおられた親族が、森山牧師に相談して、脱会説得事件が徐々に増えていきました。

第Ⅱ期は、森山牧師の他に、船田武雄牧師、高澤守牧師、和賀真也牧師、村上密《ひそか》牧師などの福音派の牧師らが多数加わり、脱会説得事件が多発していきます。1976年3月

4～6日、森山牧師はそれまでの10年間の〝監禁形態〟をとる説得法を踏まえ、東京・八王子大学セミナーハウスで、脱会説得のやり方を伝授するために「統一協会問題対策セミナー」を開催（「クリスチャン新聞」76年3月21日号）し、他の反対牧師にも統一教会信者の脱会説得法が伝授されたのです。

そして、この時期、見逃せないのが日本共産党の動きです。日本共産党は日本の赤化をもくろんできました。

1968年に統一教会の友好団体である国際勝共連合が創設され、共産主義の間違いを訴えました。その成果が1978年4月、京都府知事選挙で実り、28年間にわたった共産府政が崩壊します。その敗北を受けて、同年6月、宮本顕治委員長（当時）は共産党県・地区委員長会議で「勝共連合との戦いは重大。大衆闘争、イデオロギー、国会、法律の各分野で……共同して、全面的な戦いにしていく必要がある。……勝共連合退治の先頭に立つことは、後世の歴史に記録される『聖なる戦い』」（日本共産党中央委員会機関紙「赤旗」＝現・しんぶん赤旗＝1978年6月8日号）と宣戦布告するのです（後述）。

それに呼応するかのように、同年11月3日に、大学教授、ジャーナリスト、弁護士、牧師、国会議員らの連携によって「原理運動を憂慮する会」が発足します。その会で批判書を出して、日本基督教団の浅見定雄氏、川崎経子牧師らが積極的に反統一教会活動に乗り出してきます。

１９７８～１９８６年には、棄教目的で統一教会信者を共産党系の精神病院に強制入院させる事件が多発しました（『日本版・収容所列島』善本社）。しかし、人権侵害を受けた統一教会信者が民事裁判で提訴、１９８６年2月、統一教会信者の勝訴により、精神病院を使った脱会説得事件は終息しました。

しかし、反対牧師と親族が結託して行う監禁形態をとる脱会説得事件は警察も取り締まらないために続行され、年々被害者が増えていきました。

（補足）反統一教会活動の全貌をより正しく理解するために、宗教界に左翼勢力が深く入り込んでいるという事実を知っておく必要があります。韓国キリスト教の文師への不信が決定的となったのが１９４８年ですが、その翌年、日本では、赤岩栄牧師が〝共産党入党宣言〟をし、人々を驚かせました。その後、左翼思想をもつ青年が、それに追従するかのように神学校に入学し、60年安保闘争、70年安保闘争時には、神学校でも左翼の学生運動が活発化しました。その学生が、今では牧師となり、一部、左翼勢力と共闘し、反統一教会活動を展開しているのです。特に、統一教会の友好団体が、日本で暗躍するソ連や北朝鮮の工作員を取り締まる法律「スパイ防止法」の制定を推進したとき、左翼勢力と同調し、反対牧師が続々と反統一教会活動に名乗りをあげました。

第Ⅲ期は、1987年2月14日、朝日新聞が〝霊感商法〟キャンペーンを開始し、不安をあおられた親族らが反対牧師に相談して事件が増加、さらに1988年3月17〜18日、日本基督教団が「統一教会問題を宣教課題に」(「キリスト新聞」88年4月9日号)という方針で、反統一教会活動に教団として取り組むことを決議します(推進者は桑原重夫牧師)。以降、監禁形態をとって行う脱会説得事件が激増することとなりました。そのような中で、1993年3月に山﨑浩子さんの失踪事件が起こり、それを機に、さらにエスカレートしていきます。

この第Ⅲ期では、脱会した元信者が反対牧師や反対弁護士らと結託し、統一教会つぶしのための裁判を展開します。いわゆる「青春を返せ裁判」「婚姻無効裁判」などがそれです(「教団新報」91年7月6日号および日本基督教団「再び、『統一原理』問題に関する声明」)。

こうした親族が反対派と結束して行う監禁形態をとる〝脱会説得事件〟の暴挙を諌《いさ》める者がだれもいない中、1997年に鳥取教会襲撃事件、路上での拉致事件、監禁された女性が自殺する事件など、悪質な事件が発生していく事態を迎えていったのです。

2、「話し合い」とうそぶき監禁を隠蔽《いんぺい》

すでに述べたように、監禁して脱会説得をする手法をあみ出したのは、森山牧師です。では、なぜ監禁という手法を取るのでしょうか。
１９７６年３月、森山牧師は、自分の経験を踏まえて、脱会説得法を他の反対牧師に伝授しました。

「説得にあたっては……４時間から８時間くらい連続して聖書解釈を中心に、対話を続ける必要がある……統一協会と正統派の教会の争点となる聖書の箇所――贖罪論・メシヤ論・再臨論――などの聖句を読ませ……解釈の誤りを指摘し（説得すると）……確信していた教理も空中分解し……精神状態は虚脱状態、混迷状態に陥る……少し冷静になるのに１日か２日かかる……原理から受けた後遺症がとり除かれるまでにひと月ぐらいかかる。その間は、その信徒を牧師の手許に置いて導く必要がある」（「クリスチャン新聞」１９７６年３月21日号）

つまり、監禁形態をとる理由は、「ひと月ぐらい」「手許に置いて」とあるように、統一教会信者を脱会説得するための〝環境づくり〟であるというわけです。

また、反統一教会の立場に立つ高橋紳吾氏は『洗脳の心理学』（ごま書房）で、次のように指導しています。少し長文になりますが、抜粋して引用します。

「物理的にカルト教団からの情報が入らないような場所に、本人を保護・救出するのである。都会から遠く離れたひなびた山村に親戚などがあればそこに連れていくのもいいし、山の中の貸し別荘やホテルの一室を借りるのもいいだろう。……とにかく、カルト教団からの情報ができるだけ入らないような環境に置くことが第一だ。……

保護・救出したら、こちら側からの情報だけをどんどん与え、逆にカルト教団側からの情報をいっさいシャットアウトする。……極端に言えば部屋から一歩も出られないような情況に置くことが肝心である。……本人を保護・救出する場合、ときにはある程度強引にしなければならないことも覚悟しておく必要がある。……

当人を『保護・救出』、カルト教団流に言えば『拉致・監禁』する主権者はあくまでも両親あるいは家族である。したがって両親や家族は、本人を保護・救出したら、ある一定期間、世間から隔絶された環境の中で当人といっしょに生活することになるわけだが、保護・救出したからといって、先を急がないこと。……くれぐれも注意しなければならないのは、カルト教団や教義の批判をしないことである。この段階でそんなことを口に出すと、

相手は頑《かたく》なになるだけで……相手（信者）の話を一方的に聞くつもりで接してあげればいいのだ」（104〜107ページ）

「お互いに感情的にならずに話せるようになったら、ここで初めて、脱会カウンセリングを受けることを勧めるのである。『じつは、おまえのことをすごく心配してくれる専門家がいるんだけど、ちょっと会ってみないか』というように話すのである。……

脱会カウンセリングは、親や家族でもできないことはないが、やはり専門のカウンセラーにまかせるのがいちばんだ。……脱会カウンセラーがやるのは、教義問答である。

カルト教団というのは、設立されてからの歴史が比較的浅く、したがって教学などもそれほど強固なものではない。かならずどこかに弱点があるものだ。……教義は論理的に追及していくとたいてい論破できるものだ。そして本人にも納得させることができるものなのである。私の体験から言っても、論理的に説いていくと、『そうか、自分はいままでだまされていたのか』と気付くケースがひじょうに多い。脱洗脳は専門家にまかせるのがベストだが、そこにもう一人、すでに脱洗脳した元信者が加われば理想的である。ある人を脱洗脳させようとする場合、元信者の説得力というのはかなり大きな力となる」（109〜116ページ）

この高橋紳吾氏の指導に見られるように、統一教会信者を効果的に脱会させていくには、監禁して、それから脱会カウンセラーや元信者らと連携して脱会説得をする。それには、まず、逃げられないようにするために、身体の拘束が必要であるというわけです。

監禁されて脱会説得を受ける統一教会信者は、「(その)精神状態は虚脱状態、混迷状態に陥る」(森山牧師の発言)と言います。想像を絶する苦悩に襲われるのです。その監禁が原因となってPTSD(心的外傷後ストレス障害)に苦しむ人、また、自殺に追い込まれるケースなども起きています(「月刊現代」04年11月号)。

このような暴挙が、なぜ放置されてきたのでしょうか。その要因の一つは、監禁したとしても、説得が成功してしまえば、監禁する側、された側は、それを〝親子の話し合い〟として、監禁した事実を隠蔽《いんぺい》してしまうためです。浩子さんも「拉致・監禁ではなく、話し合いだった」と弁明しています。

また、たとえ信者が脱出して「監禁された」と騒いでも、親たちが「話し合いだった。子供がうそをついている」とうそぶけば、事なきを得てしまうのです。いわゆる、〝やったもん勝ち〟の状況がありました。

「人身保護請求」が出された事例でも、反対弁護士が「親が罪に問われるぞ」と虚偽の話で脅迫し、統一教会信者に法廷で「監禁されていません」と嘘をつかせるというケースもありました。そこには、法律問題に詳しい反対弁護士らの〝入れ知恵〟や、策略などがあるのです。

森山牧師が著書の中で「北海道北見市の姉妹は……『兄が東京で交通事故で重態だ』と、両親とおじがだまして連れてきた」(『夕べ雲焼くる』)と述べているように、古くから〝だましの手口〟まで使って拉致していました。

元信者が川崎経子牧師との対談で、次のように述べています。

「マイクロバスが家の前に突然止まって、それに乗せられた……逃げようと思ったけど、家族や知人を含めて20人の人が私を遠巻きにして」、「うまくだまされてここ(牧師の所)に連れてこられた」(「教団新報」87年4月4日号)

ところが説得が成功すれば、拘束された事実、だまされた事実などが、元信者から問題にされなくなってしまうのです。

さらに、重大事故が起こる危険性のある〝路上拉致〟があります。1988年6月29日の深夜、統一教会信者のNさんが大阪市梅田の路上で拉致されました。一緒に居合わせた女性が警察に通報し、この事件は、読売新聞朝刊(大阪本社版)に「深夜、女性ら致」として報道されました。

しかし、Nさんはその後、脱会してしまうのです。そして、拉致から約2か月後、日本基督教団の清水与志雄牧師とともに統一教会関連施設に、突如、荷物を引き取るために姿を見せるのです。このNさんのケースでも分かるように、路上拉致という、かなり強引な手段であっても、脱会説得に成功してしまえば、結局、その犯罪性が問題にされないという、いわゆる〝やったもん勝ち〟といった状況があったのでした。

3、何度も繰り返される拉致監禁

反対牧師の関与による脱会説得事件の悪質な点は、統一教会信者が完全に棄教するまで「監禁」を継続することです。最近では、12年5か月間という、信じ難いほど長期にわたって監禁され、脱会強要を受けた後藤徹氏のケースがあります。

さらに、1度失敗しても、脱会説得が成功するまで、何度でも拉致監禁が繰り返されるところに悪質性があります。後藤氏の場合も、今回が2度目でした。

ゆえに、拉致・監禁の被害に遭った信者は、たとえ1度や2度、監禁場所から脱出に成功したとしても、いつ、再び監禁されるか分からないと怯《おび》え、平穏な日常生活が送れなくなってしまうのです。

米国国務省は、1999年9月9日に第1回の「国際宗教自由報告書」を発表して以来、数年間にわたって、日本の拉致監禁問題を取り上げてきました。特に、同報告書2000年版（2000年9月5日）においては、以下のような報告がなされました。

「統一教会の会員からは、警察は統一教会信者に対する強制改宗問題に対して何ら救済措置をとらない、との訴えがあった。2000年4月、国会議員が委員会でこの問題を取り上げた。警察庁と法務省の当局者は〝善処〟を求めた教会員たちの要望を検討したが、本報告書がカバーする期間中には何も行動を起こしていない」

「彼らはまた、統一教会信者が親族によって拉致監禁された場合、警察がこれを取り締まらないために、被害者に対する監禁の期間が長引く結果となっている、と主張している」

拉致監禁という犯罪的手法を取っているにもかかわらず、警察も、それを取り締まらないために、だれも親族や反対牧師の暴走を止められず、その手口は年々悪質化し、監禁期間も長期化するようになっていきました。

そのような中、1997年6月7日に「鳥取教会襲撃事件」が起こりました。富澤裕子《ひろこ》さんの父親である元警察官、さらに税務署職員、親戚、興信所職員5名、キリスト教関係者ら計約20名が、スタンガン、鉄パイプなどの武器を携行して、鳥取教会を襲撃したのです。

襲撃犯らは、教会玄関ドアを破損して侵入し、教会業務を妨害し、居合わせた統一教会信者4人に暴行傷害を加えた上で、客室で母親と面談中だった富澤裕子さんを拉致したのです。実に悪質な事件でした。

教会内から拉致された裕子さんは、襲撃犯が用意したワゴン車に押し込められ、親族、興信所職員らによって監禁場所（マンション）に連行され、それから約1年3か月間にわたって脱会説得を受けたのです。その監禁場所に、高澤守牧師が訪れて棄教を強要しました。

実は、裕子さんの監禁も、それが初めてではありません。1994年6月にも、約80日間監禁され、S牧師が説得に訪れていたのです。

密室では、説得者側に異常心理が働きます。高澤守牧師の場合は、説得に際して、包丁を机に突き刺し「包丁で私を刺してから、堂々とこの部屋から出ていけばいい」（法廷証言）とすごむこともありました。また、逃げられないように、統一教会信者の両足をひもで縛ったことが「キリスト新聞」連載の高澤牧師の手記に書かれています（89年5月6日号）。

日本基督教団の川崎経子牧師との対談で、元信者が「親類のおじさんが、包丁を持ち出してきて……」、「母が怒ってコタツをひっくり返した」（「教団新報」87年4月4日号）と証言しています。まさに異常心理状態です。

「鳥取教会襲撃事件」が起こった97年には、今利理絵さんの拉致監禁事件も起こっています。

1月10日、理絵さんは川崎市のファミリーレストランで夕食後、レストランの駐車場で拉致され、約5か月間、親族によって監禁されました。そして、監禁場所に日本基督教団の清水与志雄牧師が訪ねてきたのです。理絵さんの監禁も、それが初めてではありませんでした。すでに、95年10月にも起こっていたのです。

また、清水牧師が信者の脱会にかかわった件では、前述した88年6月29日深夜のNさんに対する大阪梅田での路上拉致事件があります。路上拉致という手法は、日本基督教団の黒鳥栄副牧師のかかわった事件でも使われています（「月刊現代」04年11月号）。

ある事例では、1人を説得するために、わずか20日間で、延べ200人が説得にやって来たといいます（「教団新報」85年10月26日号）。実に異常です。

執拗《しつよう》に繰り返される拉致監禁。その手口には、路上拉致、だまし、襲撃、多勢に無勢の説得ありで、極めて悪質です。果たして、このような異常状況の中で、統一教会信者の人権は守られるのでしょうか？　反対牧師らと結託した親族をもつ統一教会信者は、「また、いつ、どこで、拉致監禁されるかしれない」、「今度監禁されたら、二度と解放されないのではないか」といった不安を抱えて、逃避的生活をせざるを得なくなり、平穏な日常生活を送ることが非常に困難になってしまうのです。

4、脱会説得事件の増加を願う反対派の狙い

日本国内の左翼勢力は、60年と70年の安保闘争で盛り上がりを見せ、70年代末期、おそくとも80年代には、日本の共産化が実現できるものと踏んでいました。ところが、統一教会の友好団体「国際勝共連合」が68年に創設され、共産主義の間違いを訴え、国民運動を展開していきました。その成果が78年の京都府知事選挙での共産党敗北でした。

その敗北を受けて、日本共産党の宮本顕治委員長（当時）が、次のように呼びかけたことが「赤旗」に掲載されました。

「国際勝共連合との戦いの問題では、これが民主勢力全体、民族と国民の主権と独立、自由、民主主義にとって重大な戦いであることを強調。大衆闘争、イデオロギー、国会、法律の各分野で、また被害を受けている勢力が共同して、全面的な戦いにしていく必要があ

ると述べ、自民党に対しては〝勝共連合と一緒にやれば反撃をくって損だ〟という状況をつくることが重要だとし、〝勝共連合退治〟の先頭に立つことは、後世の歴史に記録される『聖なる戦い』であると呼びかけました」（1978年6月8日「赤旗」）

そして、左翼思想をもつ弁護士、ジャーナリスト、左翼陣営に取り込まれた宗教者らが連携して、反統一教会運動を展開しました。

現在の〝霊感商法〟の中傷は、言わば、この宮本路線が現実化したかたちとなっているのです。

左翼勢力による統一教会攻撃が激しくなる中、70年代末から80年代前半にかけては、共産党系の精神病院を使った脱会説得事件が多発しました。しかし、この精神病院を使った改宗事件は、そこから逃れた統一教会信者が民事の〝損害賠償請求裁判〟を起こし、1986年2月28日、統一教会信者側が勝訴（東京地裁）することによって終息しました。

しかし、逆に件数が年々増加していったのが、反対牧師と親族らが結託して行う監禁を伴った脱会説得事件でした。

その流れの中で、1993年3月6日、山﨑浩子さんの失踪事件が起こったのです。浩子さんは脱会後に、次のように心境を述べています。

「統一原理が正しいから、霊感商法と呼ばれるサギまがいの経済活動も、珍味売りも、合同結婚式も、すべて善なのだ。
だとすれば逆に、統一原理が間違いであれば、すべてが悪であり、統一教会は宗教の名を借りた、ただの洗脳サギ集団となってしまう」(「週刊文春」93年4月29日号、51ページ)
「(勅使河原《てしがわら》さんと)一緒に暮らすことはできません。普通の恋愛だったら会って話し合うのが筋ですが、統一原理の上に成り立った結婚ですから。彼との結婚は、白紙に戻すことで心の整理がついています」(「週刊女性」1993年5月11・18日合併号、25ページ)

浩子さんのこの「激白」に見られるように、統一教会の教えである「統一原理」が信じられるか否かに、信者の意識の〝分岐点〟があるのです。もし統一教会の教えが信じられなくなれば、信仰も信者の自主的活動も、すべてがサギ行為のように思え、また、結婚自体をも白紙に戻したいと思うようになるのです。

この〝分岐点〟に反対派が目を付けないはずがありません。そこにこそ、脱会説得事件の増加を願ってきた反対派の狙いもあるのです。

信者は、自らの意志で入信し、献金してきたにもかかわらず、反対牧師の説得によって脱会させられると、「私はだまされた」「献金を返せ」と言って、反統一教会運動の先鋒になり、裁判闘争までするようになるのです。このような元信者を使うことによって反対派は〝霊感商法キャンペーン〟を盛り上げることが可能になるのであり、また、「婚姻無効裁判」を提訴させることなども可能となるのです。

そして訴訟件数をさらに増やし、マスコミに取り上げさせて社会問題化し、統一教会のイメージダウンを図り、統一教会を窮地に追い込んでいくわけです。

ある反対牧師が、「最低でも５０００人はいる」（『月刊現代』04年11月）と言うように監禁被害者の数は異常な多さです。左翼勢力にとっても、このような脱会説得活動は、〝統一教会つぶし〟の目的達成のための、格好の材料にほかなりません。

元信者の訴えをマスコミが取り上げれば、不安をあおられた親族が新たに拉致監禁を実行して、さらに元信者が生まれる。このように雪だるま式に増えていく脱会者を利用して、巧みに脱会説得を行ってきたのが反対牧師であると言えるのです。

この拉致監禁による脱会説得事件は、強制力を伴ったかたちで信仰心を奪っていくため、監禁された統一教会信者は地獄の苦しみを味わうことになります。

悲惨な事例として、前述したように「監禁された信者の中には、脱出を試みて洗剤を飲んだ者（京都）、同じくトイレで消毒液を飲んだ者（東京）、逃亡のため高層階のベランダから飛び降り、後遺症に苦しむ者（兵庫）、そして監禁中に自殺した者（京都）」（前掲書）がおり、また、拉致監禁によってPTSD（心的外傷後ストレス障害）で苦しみ続ける人もいるのです。

このように危険の伴う深刻な人権侵害にもかかわらず、事件が容易に終息しないのは、一つには、反対派が拉致監禁の事実をもみ消してきたからです。

1993年3月、山﨑浩子さん失踪事件の際に、統一教会側が拉致監禁の不当性を訴えたときにも、反対派はマスコミに元信者を登場させ、それを否定するキャンペーンを展開しました。元信者らは、反対派の代弁者として登場し、「それは拉致監禁ではなく、親族の話し合い」とし、拉致監禁の事実を否定したのでした。

「週刊文春」は、松井清人デスクを中心に、「統一教会側が拉致・監禁キャンペーンを張ってきたら、ただちにそれを否定する論陣を張ろう」（有田芳生&「週刊文春」取材班著『脱会』教育史料出版会、214ページ）と、事前に話し合いをしていたのです。

五、監禁を教唆する牧師

1、「失敗したら大問題になる」

93年3月の山﨑浩子さん失踪事件の際に、他のマスコミの追随を許さず、反統一教会の立場から事件を積極的に報道したのが有田芳生氏と「週刊文春」です。

78年の京都府知事選挙の共産党敗北を受けて宮本委員長（当時）が統一教会撲滅を呼びかけましたが、実は、有田氏の父は京都府の共産党幹部であり、彼自身も78年の府知事選挙の激戦の場に居合わせた（有田芳生著『原理運動と若者たち』教育史料出版会、219ページ）という因縁めいた関係です。

浩子さんの脱会後、しばらくして有田芳生&週刊文春取材班が『脱会』（教育史料出版会）を出版しました。彼らは、失踪事件の前に、すでに山﨑浩子さんを脱会させる計画があることを知っていたと言います。

「私たちを除いて、マスコミには誰一人として、その地震を予測できるものはいなかった。話は（1993年の）1月初めにさかのぼる。年末、年始の休暇が明けた日、（週刊文春の）松井デスクは松葉記者と石井記者に重大な情報を打ち明けた。

『山﨑浩子さんのお姉さんが、いよいよ妹を説得するらしい』

前年の6月、山﨑が合同結婚式に参加すると宣言して以来、姉の清水紀子が多くの牧師やキリスト教関係者のあいだを回り、妹の説得について相談しているという情報は耳にしていた。……

『……（松井デスクは）説得が上手くいけばともかく、失敗したら大問題になる』」（『脱会』212～213ページ）

脱会直後、「週刊文春」に掲載された浩子さんの手記のリード文には、「親族との話し合い」とありましたが、単なる親族との話し合いならば、なぜ、このときに、松井氏は「失敗したら大問題」になると話し合ったのでしょうか？

松井氏は、「（失敗した場合）俺が責任を取る……有田さんや君たち（松葉、石井）をそんな危険な賭けに巻き込むつもりはない」（前掲書、214ページ）などと述べていますが、なぜ、それが「危険な賭け」なのでしょうか？

さらに、松井氏は「いざ説得が始まって、統一教会側が拉致・監禁キャンペーンを張ってきたら、ただちにそれを否定する論陣を張ろう」（同書214ページ）と、事が起こる前にすでに方向性を出していたのです。

また、有田氏も「説得に失敗したときのダメージが、この7ヵ月余りのキャンペーンを台無しにすることぐらい十分にわかっていた。しかし……説得に当たっている全国の牧師やキリスト教関係者の努力を知っている一人として、山崎の説得が失敗する可能性があるからといって逃げるわけにはいかなかった。私たち4人は、大地震が起こるのを静かに待つことになる」（同書、215ページ）などと述べています。

親族との話し合いが事実なら、どうして、キャンペーンが「台無し」になるなどというのでしょうか？　台無しになることなど、あり得ないことです。

有田氏は「牧師やキリスト教関係者の努力を知っている」と述べますが、実は、反対派から2年間にわたる脱会工作を受けた小出浩久氏の証言によれば、監禁1年後に、有田氏は週刊文春の記者を伴って、軟禁中の山荘を訪れ、小出氏に「1年間も閉じ込められていて、よく耐えていられましたね」（小出浩久著『人さらいからの脱出』光言社、122ページ）と語っているのです。

結局、彼らが「失敗したら大問題」「危険な賭け」「台無し」と危ぶんだのは、浩子さんの場合も、〝監禁〟という手法が用いられることを、あらかじめ知っていたからではないか、と考えざるを得ません。

すでに述べたように、監禁は信者が脱会するまで執拗に、何度でも繰り返されます。富澤裕子さんの2度目の監禁は、約1年3か月間、今利理絵さんの2度目は、約5か月間、後藤徹氏の2度目の場合は、12年5か月間もの長期に及ぶという異常さがあるのです。山﨑浩子さんのお姉さんも、長期化を覚悟して、「一生でも二生でも付き合う」と述べています。

一般人の信者を監禁する場合には、長期化しても監禁の実態が世間に知られなければ問題にされずに済みます。たとえ統一教会信者が「監禁された」と訴えても、親族が「話し合いだ！」とうそぶけば乗り切れます。しかし、マスコミが注目する有名人の山﨑浩子さんの場合には、世間の関心が高く、世間の耳目があるために、そう簡単にはいかないことでしょう。

結果的に、山﨑さんは46日後に脱会の記者会見をし、短期間で済んだので、有田氏や週刊文春が危ぶんだことは起こりませんでしたが、仮に監禁が長期化して説得に失敗し、小出浩久氏、富澤裕子さん、今利理絵さん、あるいは後藤徹氏のようになった場合には、反対派は大打撃を受けたに違いありません。

週刊文春の松葉記者が「確率の低いバクチですよ」（『脱会』２１４ページ）と語っているように、まさにバクチにも似たリスクを背負って、有田氏および週刊文春の記者らは、浩子さんの強制脱会説得に対する〝取材〟を決行したのです。

2、「逃げるなら人数を増やせ」

山崎浩子さんの脱会説得をした牧師の一人が、杉本誠牧師でした。

『統一協会信者を救え』（杉本誠／名古屋『青春を返せ訴訟』弁護団編著）には、「（同牧師は）全国で初めて、法廷で救出活動の実体を証言した。これまで、救出活動は、〝拉致・監禁〟になるとも言われ、その実体が不分明であっただけに、この（杉本牧師の）証言により、救出活動がいかに困難なことであるかということのほかに、犯罪に該当するような行為が一切なされていないことが明らかにされた」（16ページ）とあります。

本当に、そのように一方的に断言できるものでしょうか？　同書を通して検証してみましょう。

杉本牧師は、右「青春を返せ訴訟」における原告代理人の「いよいよ救出するということですが、証人（杉本牧師）のほうではどのような関与、指導などをされるんでしょうか」

という質問に対して、「とにかく（信者が）自分の頭で考えられるような環境を親御さんの愛情で作ってあげなさいと指導をいたします」（87ページ）と述べ、では、「自分の頭で考えられるような環境を子供さんに作ってあげるというのは、具体的にはどういう形になるんですか」という質問に対して、「子供を親御さんが統一協会から連れてきて、親の責任において保護するという形になります」（88ページ）と語っています。

そして、杉本牧師は「親のオリエンテーションを私はやります。……我々としてはお父さん、お母さんが親戚の方の協力を得て、責任を持って子供を私に会わせるという状況を作られたらどこへでも行きます……それをなさるか、なさらないかは親御さんが決めることで、しかも具体的な保護をどうするかということに関しては一切関与できません……親に一切任せます」（91ページ）と述べています。

さらに、杉本牧師は「自宅ではなくて、親御さんが選ばれることですから……民宿なりアパートを借りられる方も沢山いらっしゃいます。こういうところへ本人を連れてきて、家族、親戚で合宿をする、親族会議をするわけです。そこで何日も話し合うということが続けられます。……（親は）仕事を休んでとことん子供に付き合う……親戚の方たちは何日かかるか分からない説得に仕事を休んでというのは難しいでしょうから、大勢の親戚の方たちが交替で詰めるというような協力態勢を取っている」（95ページ）とし、「鍵をかけたり、ロープで縛るんじゃなくて、愛情の目で縛れと、逃げるんだったら人数を増やせばいいことで、そういう形で子供さんと話合いを続けてくださいということを言う限りですね」（96ページ）などと述べています。

「民宿なりアパートを借りて」「大勢の親戚の方たちが交替で詰めて」、そして「逃げるんだったら人数を増やせばいい」。これが、脱会説得の現場なのです。

「話し合い」「親族会議」ならば、なぜ親戚の人は出たり入ったりし、交替するのでしょうか？　それは話し合いをするためではなく、二十四時間態勢で監視し、逃げないようにするために他なりません。

杉本牧師は「一切関与できない」「親御さんがやっていること」と強調し、牧師の監禁への関与を否定するのに熱心ですが、両親だけでは大変なので、皆で交替し「逃げるんだったら人数を増やせばいい」と、明らかに監禁を教唆し、指導しています。

また、杉本牧師は、次のようにも証言しています。

「一様にある点は、大騒ぎをしたり、断食をしたり、中には机をひっくり返して窓から飛び出そうとしたりということまでやる子もいますね」（97ページ）

「ある女の子がその場から抜けたいために、お風呂に入ると言って、実際にお風呂に入ってパンツ一枚で真冬の山の中へ窓から飛び出したということがあったんです。親達が慌てて本人を取り押さえて民宿へ連れ戻したときに、パンツに10円玉が縫い付けてあった」（98ページ）

「いわゆる投げ文というようなことですね。これは親の目を盗んで……今ここで拉致されてるというような文面を……トイレの窓から投げて、通行人に拾ってもらって、統一協会に連絡してもらうということもやりますね」（100ページ）

杉本牧師の「一様に…大騒ぎ」の言葉は、過去、何件もの事件にかかわってきたことを示唆するものです。

また、杉本牧師は、山﨑浩子さんの脱会宣言が偽装かどうか、その意志を直接見極める際も、「長年の経験則が、彼女にもあてはまることを実感した」（『脱会』285ページ）と述べ、数多くの脱会説得にかかわり、専門化していることを裏付けています。

杉本牧師は「間違いに気づいて吹っきる時には、苦しいものがあるがホッとした表情になる」と言い、清水牧師は、「浩子さんは最初『ふにゃふにゃ』といった表現が適切なぐらい、しっかりと座っていられなかったそうだ。統一教会の教えが崩れ、放心状態になっているうちは、迷っている心境が座り方という形に現れるのだ」と語っています。「苦しいものがある」「ふにゃふにゃと……放心状態に」。このようになるまでには、どれほどの苦悩が襲うことでしょうか。浩子さんも泣きわめいているのです。

いずれにせよ、〝監禁〟されて大騒ぎするのは当たり前です。それを、「一様に……大騒ぎ」と平然と言ってのける杉本牧師の冷酷さには憤りを禁じ得ません。「大騒ぎ」「窓から飛び出す」「パンツに10円玉」「投げ文」の証言は、統一教会信者が厳重な監禁によって脱出困難な環境に置かれていることを如実に物語っています。

監禁の〝実行犯〟はもっぱら親や親族であって、杉本牧師は、「一切関与できない」「親御さんがやっていること」と強調しますが、実際には杉本牧師が監禁行為を指導していたと言わざるを得ないのではないでしょうか。牧師が監禁行為と密接な協力関係にあることは間違いありません。

3、「体だけでも戻ってきた」とは？

2007年5月17日、文鮮明師の創設したワシントン・タイムズ紙の創刊25周年祝賀会が、米国ワシントンDCで開催され、サッチャー元英国首相やブッシュ元大統領らは、冷戦終結にワシントン・タイムズが大きな役割を果たしたとして、賛辞を送りました。世界赤化を目指してきた左翼勢力にとっては、勝共運動を提唱し、またワシントン・タイムズ紙を創刊した文師は、本当に邪魔な存在に思えたことでしょう。

事実、1978年3月15日、日本共産党は『原理運動と勝共連合』を出版して、「日本の民主勢力はかれらを、理論的にも、実践的にも追いつめ、その活動の余地が存在しえないように追及していかなければならない」（131ページ）とし、また、翌月の京都府知事選挙の敗北を受けて、宮本委員長（当時）は、前述のように、「自民党に対しては〝勝共連合と一緒にやれば反撃をくって損だ〟という状況をつくることが重要だ」と述べ、目の敵にしています。

この宮本氏の布告に呼応するかのように、1978年11月3日、「原理運動を憂慮する会」が発足します。

この会から批判書を出版して、積極的に反統一教会活動に乗り出してきたのが、浅見定雄氏（日本基督教団）です。

浅見氏は、その著書『統一協会＝原理運動』で、「統一協会を崩壊させるもうひとつの道がある。それは……世論を高め、彼らが日本社会に居られなくすることである。彼らを……支持したり庇護したりしている一部の『学者・文化人』や（自民党などの）政治勢力が、『これ以上関係を続けるとかえって自分たちの信用に傷がつく』と思うようにまですることである」（223〜224ページ）などと述べています。

まるで申し合わせでもしたかのように、宮本委員長と浅見氏とが同様の発言をしているのには驚かされます。

浅見氏は『統一協会＝原理運動』で、家族や親、説得者らに対して、次のように指導しています。

「この話し合いで……それがどんなに本人のことを思うあまりに起こったことか、行き過ぎは行き過ぎとして詫びながら、よく告げる必要がある。……『体だけでも戻ってきたのだから』と話し合いを避けたのでは、本人の心の問題はなにも解決しない……あとは解決するまで絶対に諦めないという決意が要求される。……日常の勤めや生活を中断し、何日でも、何週間でも、そのことに掛かりっきりになるはずである」（30〜31ページ）

親子の話し合いで、「行き過ぎは行き過ぎとして、詫び」る必要のある「それ」とは何でしょうか？　また、「体だけでも戻ってきた」とは、いったいどういう状況を意味するのでしょうか？

さらに浅見氏は、「親と直々に会っておけば、本人を連れ戻してから説得者と会わせるまでの手続きや心構えについても、念には念を入れて打ち合わせすることができる」（35～36ページ）とし、一方、その話し合いの場にいる親に対しては、「ただし親は、説得者と本人とのやりとりにあまり口を差し挟むべきではない」と戒め、「本人は、いま『反対者』ばかりに取り囲まれて心細いのである」（38～39ページ）などと述べています。

せっかくの話し合いの場なのに、なぜ「親は……口を差し挟むべきではない」と言うのでしょうか？　これで、「親子の話し合い」と言えるのでしょうか？

浅見氏は、「本人は、いま『反対者』ばかりに取り囲まれて心細い」と述べますが、自由に出入りできる環境なら、心細くなることはないでしょう。たとえ疑問が生じても、統一教会側と相談すれば疑問を整理することもできます。

ところが、話し合いに臨む信者は「『反対者』……に取り囲まれて心細い」のです。こう断言する浅見氏に、さすが〝経験者は語る〟と言わざるを得ません。

浅見氏は、脱会させた信者の「脱会の手順」にも触れており、持ち物の返済などを「弁護士に相談する」（42ページ）とし、「経済的被害もなるべく取り戻したらよい……統一協会にダメージを与えるためである。金が入らなくなれば、この組織はかならず崩壊する」（223ページ）などと指導します。

こうして反対派は、脱会させた元信者に、献金などの〝返金訴訟〟を起こさせて、その金額をもいわゆる〝霊感商法〟の被害額として加算し、社会問題化させていくのです。宮本路線と同じ目標を掲げる浅見氏は、「(反統一教会の)世論を高め……日本社会に居られなくすること」を目指して、長年取り組んできたのです。

4、事前に牧師と綿密に打ち合わせ

1978年11月に発足した「原理運動を憂慮する会」で、浅見定雄氏と同様に批判書を出し、反対活動をしてきたのが川崎経子牧師です。

川崎経子著『統一協会の素顔』(教文館、90年4月出版)には、次のような元信者とその母の手記が掲載されています。

「夜11時近い時間……急に暗闇から、二人の男に襲われ……ハッと思った時は、力ずくで大勢の人に車へ押し込まれ」(12ページ)、「部屋にはいつも大勢います。林に囲まれた道は細く一本です。逃げることはできません。残された手段は〝偽装脱会〟だけ……」(16ページ)、「〇〇先生は午後三時に来られ……娘は『帰って下さい。人権無視です』と目を光らせ……(説得する)先生は……帰っていかれる。……叔父は(娘の)道子の足を縛り、涙を流して言い寄って……」（35ページ）、「親戚の者はローテーションを組み、交替で来てくれ……すでに脱会している富田君や中川君が来てくれる。……同じ場所に渥美さんという20歳の女性が（保護されて）入ってきた。（彼女は）大声でわめき、大暴れして……道子は渥美さんへひそかに同情を寄せている」（37〜38ページ）

信者を拉致した上で、逃げられないようにして脱会説得しているのですから、明らかに監禁です。ところが、川崎牧師は、あえてそれを「保護」「救出」と呼んでいます。

1993年9月号「福音と世界」に掲載された川崎牧師と元信者らとの対談では、ある元信者が「『世界日報』を配達中、『拉致』というかたちで保護されたわけです」（30ページ）と自分の体験を語ったのを受けて、川崎牧師は「20人くらいで保護したんですが、かなり抵抗されたと聞いています」（同ページ）と述べています。その言葉を受けて、再度、元信者が「ええ、だいぶ激しくやりました……ある程度の人数で囲んでしまえという作戦だったようです」、「二度目に保護されたのは祝福を受ける直前でしたが、保護のされ方が、向こう（統一教会側）で言う『強制拉致』のような状況だったので、かなり激しく……」（31ページ）などと語っています。

これらのことから、「保護」「救出」とは、明らかに拉致監禁のことを指していると言わざるを得ません。また、「保護」が何度も繰り返されています。

ところで、「保護する」に当たっては、事前に、牧師と親族が連絡を取り合っていることをうかがわせる川崎牧師の発言があります。前掲書で、川崎牧師は次のように述べています。

「説得のためにビジネスホテルに入ったわけですが……私のところへ来るまで18日かかった。というのは、ご両親が……私の名前を言い出すことがなかなかできなかったんですね」

「18日かかった」「言い出すことができなかった」など、保護する時に、事前に牧師が親と連絡を取り合っていたことをうかがわせる発言となっています。

事実、川崎牧師が寄稿する、南哲史著『マインド・コントロールされていた私』（日本基督教団出版局）には、次のように記載されています。

「保護が失敗すると、信者はゆくえをくらませて『さらに脱会が困難になってしまう』ので、細心の注意が必要となってきます。

それには、何よりもまず統一協会問題にくわしいキリスト教会の牧師やカウンセラーと

の綿密な打ち合わせが必要です。親のあせりによる見切り発進は絶対禁物です」（159ページ）

この書では、著者の南氏自身も、閉じ込められていた事実を次のように認めています。

「保護に至るまでの準備と実行も大変ですが、保護の場所での親族と信者の最初の関係が良くありません。私もそうでしたが、親や世界のための苦労が全否定されたような気がしますし、怒りと不安、何より裏切られたという思いが強かったのです。……保護の場所に閉じ込められた私は怒りがわき、『何でこんなことをするんだ！　こんなことをしてただですむと思っているのか！　信教の自由というのが法律で保証されているんだぞ！　人権侵害だ！』」（160ページ）

以上のことから、反対牧師と綿密に打ち合わせをしてから親族が実行する「保護」とは、反対牧師と信者を引き合わせて脱会説得するために、信者をある場所から逃げられない状況にすることを指していると言わざるを得ません。

また、川崎牧師は、2005年9月15日出版の『自立への苦闘』（教文館）の中で、元信者が指摘した「保護」についての悪い対応の事例を、次のように紹介しています。

「親子の話し合いだというので応じたが、実際は、親はローテーションを組んで親戚を次々と同席させた。〝一対多〟も不公平。気持ちも逆なでされ、さらし者にされた傷も深い。

脱会者は来てくれたが、敵にまわり、親と同盟を組んだかたちで自分を責め立てた。（その元信者は）同じチャーチ仲間だっただけに、耐えがたかった」（１２１ページ）

この元信者が「悪い対応」と指摘したやり方は、川崎経子著『統一協会の素顔』に掲載された、元信者とその母の手記内容を連想させるものです。

このように、一人の信者の脱会説得には、親族らのローテーションおよび元信者の来訪や反対牧師との面談強要といった、多勢に無勢という方式が取られているのです。

第二章　反対派による統一教会攻撃の包囲網

一、統一教会批判の真相

1、根拠のないデタラメ情報

反対派は、「統一教会ではリンチ殺人が行われている」「行方不明者がいる」「犯罪者になる」など、統一教会信者の父母らを不安に陥れる、さまざまな風聞を語り続けてきました。

例えば、１９７７年2月、全国原理運動被害者父母の会（反対父母の会）が発表した調査結果によると、調査対象者１１９人中、行方不明32人、死亡３人、異常心理をきたした者49人などとされています。

このような情報を真に受けた父母らは、統一教会の信仰を棄てさせようと反対牧師らと共謀して、脱会説得に積極的に乗り出すようになり、監禁事件が多発してきたのです。

この「反対父母の会」の情報は、１９７７年の衆議院予算委員会で、当時の社会党（現、社民党）議員によって、統一教会攻撃のための質問の材料として用いられました。しかし、この「反対父母の会」の情報は、実にデタラメなものでした。

実は、「反対父母の会」のアンケート要請文には、「子供がなるべく精神病者や栄養失調になるよう回答を作り上げてください」（共産主義と宗教問題研究会編『日本版・収容所列島』善本社、407ページ）と書かれており、統一教会を貶《おとし》めようとする立場から意図的に情報がわい曲されていたのです。

この情報を用いて国会で質問を行った社会党議員（当時）に対して、統一教会側は調査結果に該当する個人名を挙げるよう要請しました。しかし、具体的に個人名を挙げられたのは、行方不明32人中3人、異常心理49人中6人だけでした。しかも、その該当者として挙げられた人物を追跡調査してみると、その情報は〝事実無根〟であったことが判明したのです（同書、407～413ページ）。

このようなデタラメぶりが明るみにされた後でも、なお「反対父母の会」は類似したデタラメ情報を流し続けました。実に悪質です。しかし、その実態を知らない父母の中には、反対派が流す情報に踊らされていく人も多数いたのです。

特に、1981年に「反対父母の会」が発行した『親からみた統一協会の悲劇』は著しく事実を偽るものでした。そこには、統一教会による被害状況として「病死が一番多く、7名、自殺がついで6名、殺害された者5名。年度別に見ていくと、はじめの頃は病死、ついで自殺者が多くなり、（昭和）50年代になると俄然《がぜん》殺害が多くなってくる。……ある古参の統一協会の父兄が、私たちに、（統一）協会の敷地内に多数死体が埋まっているだろうと知らせに来たことがある。このほか生きた屍《しかばね》と化す精神異常者は毎年数人である」（7ページ）などと記されています。

このようなデタラメ情報によって、どれほど多くの父母たちが不安におびえ、統一教会信者を監禁してでも脱会させようとしてきたことでしょうか。

これらの情報によって、拉致監禁方法もエスカレートし、1997年には、鳥取教会襲撃事件が起こるまでになっていったのです。

2、つくりあげられた〝怖い統一教会〟のイメージ

全国原理運動被害者父母の会（反対父母の会）が1977年2月、統一教会信者の父母らを不安に陥れるデタラメ情報を発表した件だけでなく、反対派やマスコミは、80年代以降も、父母らを不安に陥れる情報を流し続け、〝統一教会は怖い〟というイメージを作り上げていきました。

例えば、1987年7月21日に、広島大教授が学部長室で殺害された事件では、マスコ

ミは「統一教会信者犯人説」を流布しました。

有田芳生氏は、同年8月7日号の「朝日ジャーナル」に、「広島大オカルト殺人」と題する記事を掲載して、統一教会の友好団体「原理研究会」と事件を関連付け、最後に「朝日新聞阪神支局襲撃事件とともに、不吉な時代の到来を予告するものでないよう……犯人逮捕が待たれる」と述べています。（ちなみに、有田氏は、同年5月に起こった「朝日新聞阪神支局襲撃事件」についても、97年5月15日号「週刊文春」で、赤報隊＝統一教会説を展開し、統一教会を犯人扱いしています）

広島大教授殺害事件は、同年10月2日の犯人逮捕で統一教会の〝無実〟が証明されますが、当初、統一教会と関連付けて騒ぎながら、犯人逮捕後に、統一教会への謝罪報道は一切ありませんでした。そのために、統一教会の悪いイメージだけが残ることとなります。

月刊誌「噂の真相」（87年10月号）には、当時のマスコミ報道について、「事件発生当初は、原理研の名前も出て……かなり強引な記事づくりを行ったフシがある……『原理がらみの猟奇殺人だ、それ行け』といった安易な発想さえうかがえる」（47ページ、リポーター・山口昭二氏）とあります。

反対派やマスコミによる同様の言動は、90年代においても継続します。

例えば、94年2月、反統一教会活動家の卓明煥氏が自宅前で殺害された事件では、「黒幕は統一教会」という風聞が流されました。

犯人逮捕で、統一教会と無関係な事件であったことが証明されていたにもかかわらず、事件に便乗して、統一教会を批判し（「クリスチャン新聞」94年3月6日号）、まるで事件に関与したかのような扱い方でした。

また、95年3月のオウム真理教による「地下鉄サリン事件」の際にも、オウム真理教と統一教会は全く無関係であるにもかかわらず、反統一教会の小野毅弁護士は、「（オウム真理教には）統一教会に入っていた人物がいる……」と事実無根情報を述べるなどし、両者を結びつける悪意の報道をしました（「週刊現代」95年5月27日号）。

他にも、世界日報元幹部の副島嘉和氏が84年6月に暴漢に襲われて負傷した事件や、2000年暮れに発生した「世田谷一家殺害事件」までも、統一教会犯行説をまことしやかにささやいているのです（95年1月号「マルコポーロ」有田氏の記事、および02年3月号「新潮45」一橋文哉氏の記事など）。

これらは、反対派の悪意による何の証拠もない情報です。このように反対派とマスコミは、凶悪犯罪と統一教会とを結びつける情報・報道を流し続けることで、〝霊感商法〟報道と相まって、統一教会の悪いイメージを作り上げていったのです。

山﨑浩子さんは、93年3月の「失踪事件」の際に、反対牧師から前述した副島嘉和氏の襲撃事件などを聞かされて、動揺しています。

『脱会』には、次のように記されています。

「清水牧師は……前夜渡されたレポートを書いた副島氏が、『文藝春秋』発売の数日前に何者かによって心臓近くを5ヶ所刺された事実なども話したという。……この日以降……浩子さんはしくしくと泣きだし、『頭がパニックになりそう』と姉に語っている。……浩子さんは真顔でぽつりとこう言った。

『統一教会をやめたら殺されるだろうか……』」（有田芳生&「週刊文春」取材班著『脱会』283ページ）

統一教会が元信者を殺害したという事実など、一切ありません。浩子さんは反対派やマスコミが流し続けた〝根拠のない情報〟を基にした反対牧師の説得によって、そう思わされたのです。

また、反対牧師や有田芳生氏らは、統一教会からの「脅迫電話」やカッターの刃入りの手紙を送られるなどの「嫌がらせ」を受けたなどと語ります。しかし、それらは統一教会信者が行ったという確証のないものばかりです。統一教会から「暴行」を受けたと証言している反対牧師さえいますが、そういった事実はありません。

山﨑浩子さんの著書『愛が偽りに終わるとき』には、次のように書かれています。

「（説得に訪れた牧師は）今日はあまり時間がないので……ということで、初めに聞かされたのは、脱会した信者に対して、教会の指導者クラスの人からの脅迫電話を録音したテープだった。……おそろしいほどに、薄汚い口調だった」（１９０ページ）。

山﨑さんはそのテープを聞かされて、大変なショックを受け、その後、反対牧師の〝説得術〟に乗せられていくことになります。

しかし、それは本当に統一教会指導者による脅迫電話だったのでしょうか？「怨讐《おんしゅう》を愛する」というのが、統一教会の教えの根本です。これも確証のないものと言うほかありません。

このようにして、反対派が長きにわたって統一教会を誹謗中傷し続けることによって、「統一教会＝悪」というような虚像が作り上げられていきました。

これは、初代キリスト教会時代においても、クリスチャンに対する誹謗中傷が語られ続けることによって、キリスト教は「国家の安全を脅かす集団」「不道徳な行為をする集団」

（ボーア著『初代教会史』）という虚像が作られていった現象と同じであると言えます。

3、一般のキリスト教で起きている事件

さて、1997年には、富澤裕子さんを拉致するための「鳥取教会襲撃事件」など、悪質な事件が起こりましたが、同時期には、キリスト教牧師ら3人が「多額の窃盗」を働いて逮捕される事件が起きています（「読売新聞」夕刊、同年8月26日）。また、同年に、北海道でカトリック修道士が神父を殺害し、自害するという凄惨《せいさん》な事件が起こりました（「読売新聞」同年3月8日）。

さらには、カトリック神父が74件の青少年への性的虐待の罪で懲役刑を受けました（「クリスチャン新聞」同年9月7日）。

それればかりか、同年には、ベルギーで「恐怖の館事件」と呼ばれる事件が起こり、牧師とその娘が殺人罪で逮捕されています（「読売新聞」同年11月25日）。この牧師親子は、家族計5人を射殺、もしくはハンマーなどで撲殺して、その遺体を硫酸で溶かしたり、食肉処理場から出る廃棄物に混ぜて捨てていたという、震撼させられる事件でした。

また少しさかのぼれば、著名なキリスト教指導者が起こした事件として、アメリカのテ

レビ伝道師のジム・ベーカーが、１９８７年に女性問題を起こし、さらには１９８９年に詐欺罪などで、拘禁刑45年、罰金50万ドルの刑を受けて失脚しています。その他にも、テレビ伝道師らの失態が相次いだのです。

坪内隆彦著『キリスト教原理主義のアメリカ』（亜紀書房）には、次のように報告されています。

「１９８７年にはマービン・ゴーマンも、女性スキャンダルを暴露されていた。ゴーマンのスキャンダルを暴露したのは、有力伝道師のジミー・スワガートだった。スワガートは、ペンテコスタル系の『アッセンブリー・オブ・ゴッド』の牧師で、彼のテレビ番組も全米約９００万人の視聴者を持ち、年間１億５千万ドルの収入を得ていた。

１９８８年2月、今度はそのスワガートが、スキャンダルを暴露された。暴露したのは、なんとゴーマンだった。逆襲である。スワガートは、ルイジアナ州の本部礼拝堂で、聖書片手に、『私は罪を犯した。神と妻に許しをこいたい。私は聖職を降りる』と懺悔《ざんげ》した。

こうして、テレビ伝道師への不信感は急速に高まった。ギャラップ社の調査によると、テレビ伝道師を『信用できない』とする人が、１９８０年の26％から１９８９年には70％にまではね上がった」（１５５ページ）

最近では、日本国内でも、牧師による性犯罪が相次ぎ、社会問題となっています（「AERA」2008年4月14日号）。

また、日本の代表的神学者である高倉徳太郎氏が1934年に自殺しました。それ以外にも、クリスチャンやクリスチャン家庭によって引き起こされた殺人などの凶悪事件や自殺なども、さまざまに起こり続けているのです。

ところが、反対派は、これらの一般のキリスト教会内で起こる事件はあえて取りあげず、統一教会だけが凶悪事件、あるいは社会問題を引き起こす元凶であるかのように吹聴しているのです。

このような偏った反対派の情報によって、不安を募らせた父母が、拉致監禁を決行するようになるのです。そして、監禁場所に反対牧師が来て、脱会説得を行っていく。このような構図で、脱会説得事件が行われてきたのです。

二、統一教会は反社会的と吹聴する牧師

1、傷害罪で告訴された反対牧師

マスコミ報道では、山﨑浩子さんを脱会説得した牧師として杉本誠牧師が有名になっていますが、実はもう一人、浩子さんの脱会説得にかかわった反対牧師がいます。それが清水与志雄牧師でした。

清水牧師は、今利理絵さんを脱会説得するときに、「私は統一協会から暴行を受けたことがある」として、次のような内容を語っています。

「脱会を決心した方の荷物をホームに一緒にとりに行ってさしあげた時に、統一協会幹部を含む20数人の男女に取り囲まれ、傷害を負わされるという被害を受けたことがあります。そのとき私はすぐさま警察通報を友人に依頼したのですが、統一協会は私に暴行しておきながら、警察官が来るまで私に襲いかかっていたのに警察官が来るや、その場に倒れ込み

アスファルトに手を擦り付け被害者を演じたりしました。なんという卑劣な行為だと思いましたが、警察は事情を話すとすぐに理解してくれたということがありました。……私を襲った幹部は、病院に行って『痛い、痛い』とわめいていると警察の方は言っていました。……数日後、よりによって私を告訴してきたという連絡が入りました。……私の方が被害者なのに、あたかも私が何かしたかのように陥れようとする統一協会に深い憤りを感じています」（清水与志雄牧師の陳述書から）

今利さんは、清水牧師の証言を聞いたとき、その真相を確かめるすべがなかったそうですが、後日、清水牧師の言う「脱会を決心した方」がNさんという女性であることを偶然知るようになります。

そして、当時、Nさんのお世話をしていた、清水牧師の言う「統一協会幹部」なる人物Y氏から、次のような内容の証言を得ました。

「Nさんは1988年6月29日午前零時55分頃、JR大阪駅の西側路上で突然何者かに連れ去られました。この事件は、同日の読売新聞朝刊で『深夜、女性ら致』と報道されました。

それから音信不通となっていたNさんが、約2か月後の8月25日夕方、Nさんのお母さんと清水牧師、他男性2人を伴って、何の予告もなく『荷物を返せ』と言って、大阪市福島区のマンション3階に訪ねて来ました。

拉致されて行方不明となったNさんの安否を気遣っていた私（Y氏）は、住んでいた同マンション4階から、急いで3階へ向かいました。

ところが、すでにNさんは、お母さんと1階に降りていたために、私（Y氏）も階段を駆け下りて、『Nさんと話をさせてください』と言って近づきました。

すると、清水牧師が『そんなこと、やめろ』と言って、突然私（Y氏）を突き飛ばしたのです。私（Y氏）は、Nさんに気を取られて、全く無防備状態だったために、転倒して脳震とうを起こしました。

同マンションの住民の通報によって、駆けつけた警察官が、すぐに救急車を手配してくれ、私（Y氏）は救急隊員の介護を受けながら、病院に搬送されたのです。そこに居合わせた統一教会信者は、夕方ということもあって、わずか6人くらいでした」

清水牧師は「傷害を負わされるという被害を受けた」と述べますが、傷害を負わされたなら、警察官や救急隊員の指示によって、清水牧師はすぐ病院に運ばれたに違いありません。しかし、救急車で搬送されたのはY氏だけだったのです。

清水牧師は、「統一協会は私に暴行し……襲いかかっていたのに……警察官が来るや、その場に倒れ込み、アスファルトに手を擦り付けて被害者を演じた」と証言しますが、警察官が来てからY氏が倒れ込んで〝被害者〟を演じたなら、その狂言はすぐに見破られてしまい、警察官が救急車を手配することなどなかったと考えられます。

清水牧師は、「私の方が被害者なのに、あたかも私が何かしたかのように陥れようとする統一協会に深い憤りを感じる」と主張しますが、それを聞いたY氏は、「それは嘘だ！」と憤慨しています。

両者の言い分は、完全に食い違っているのですが、どちらが正しいのでしょうか？　ちなみに、Y氏は1週間後の9月1日、『傷害罪』で清水牧師を告訴しています。

今利さんは、後日、偶然知った当事者であるY氏からの証言を得て、清水牧師の証言と比較することができました。しかし、脱会説得の現場では、清水牧師のような証言だけを一方的に聞かされるため、それを信じてしまう人も多いのです。

「統一協会から暴行を受けた」という証言を聞いた父母らは、マスコミ報道による〝統一教会は怖い〟というイメージと相まって、さらに統一教会を不信してしまうに違いありません。こうして不安を募らせた父母らは、統一教会信者を脱会説得しようと、監禁行為に真剣に取り組むようになるのです。

2、統一教会を貶《おとし》めるための作り話？

清水与志雄牧師は、今利理絵さんを脱会説得する際に、「杉本誠牧師も暴行を受けたことがある」として、次のように語っています。

「杉本牧師は、『霊感商法』や統一協会の関連団体である国際勝共連合が推進していた『スパイ防止法』に反対する講演会の開催の事務役を当時つとめていました。そのころ杉本牧師は『講演会を中止しろ』と、ある人物に呼び出され、『お前も朝日の記者みたいになりたいのか』と言われ腹部を殴打されるという暴行を受けたことがありました。その事件が地元新聞に出ると……」（清水与志雄牧師の陳述書から）

確かに、1987年9月29日「朝日新聞」夕刊（名古屋本社版）には、次のような報道があります。

「今月12日ごろ、杉本さん宅に『木下』と名乗る男から、『講演会について話がしたい』との電話があった。同夜、待ち合わせ場所の岡崎市内の喫茶店に行くと、30歳代から40歳代の男が7人いた。『木下』と名乗る男は、『集会をやめてほしい』などと迫り、杉本さんが『やめる訳にはいかない』と拒否すると、7人のうち比較的若い男が『朝日の記者みたいになりたいのか』とすごんだ。傍らの『木下』がその場を取りなし30分ぐらいで別れた。杉本さんが名前や連絡先を聞いても男たちは、はっきりとは答えなかった」

清水牧師は、「杉本牧師は……腹部を殴打されるという暴行を受けた」としますが、もし暴行があったなら、人目のある場所なので警察ざたになったことでしょう。少なくとも、新聞記事にその言及があってしかるべきですが、そのような記載は一切ありません。

実は、この記事の情報提供者は第三者ではなく、杉本牧師本人です。杉本牧師が証言するようなことが、本当にあったのでしょうか？　当時の国際勝共連合関係者は、「杉本牧師を呼び出した事実さえない」と言います。杉本牧師は「12日ごろ」（注：87年10月2日の「赤旗」によると11日とされる）としますが、それから2週間以上が経過した29日に報道されたこと自体が、非常に不自然です。

これでは、証言そのものの信憑性が疑われます。まして、清水牧師の言う「（杉本牧師も）暴行を受けた」は、事実の裏付けを欠くと言えます。

（補足）杉本牧師が〝呼び出された〟とされる日が、朝日新聞は87年9月12日（土曜）、赤旗は11日（金曜）と食い違っており、実にあいまいです。キリスト教では、毎週、日曜に礼拝を行っており、牧師は前日の夜、特別な気遣いをもって過ごすと言われます。そういう事情を考えると、呼び出されたのが土曜の夜か、金曜の夜かは、明瞭に思い出せるはずです。ところが、あいまいなのです。この点からも、杉本牧師の証言には腑《ふ》に落ちないものがあります。

ところで、浅見定雄氏も、統一教会を貶めるために〝事実でない〟ことを述べています。

浅見氏は、その著書『なぜカルト宗教は生まれるのか』（日本基督教団出版局）で、「統一協会が認めた聖書引用の誤り」と題し、次のように述べています。

「日本聖書協会は、１９８７年に……『新共同訳聖書』を完成した。一方、統一協会は……『原理講論』の中で、……『新共同訳』以前の『口語訳聖書』を使っていた。しかし彼らは、『口語訳』も一つの翻訳にすぎず、聖書の本当の原典はギリシア語（新約）とヘブライ語（旧約）のテキストなのだということを理解していなかった。……１９８７年以来、世間には次第に『新共同訳』のほうが多く出回りはじめた。……新共同訳が出たため、彼らは従来の口語訳と新共同訳を読み比べてみる必要を感じた。……そしたら今さら、たくさんの間違いに気づいたというわけである。

とにかく彼らは、このおかげで動揺した。そしてその原因を『新共同訳』にあると思い、内部でひそかに検討を開始した。そしてまず1992年12月21日に……『新共同訳による聖句の引用に関する中間報告』（筆者は末吉重人）を作り、翌93年の4月29日には『統一神学研究会・末吉重人』の名で『「原理講論」における聖句の引用について』をまとめた。……彼らの『お勉強』の結果は次のような惨憺《さんたん》たるものとなった」（176〜178ページ）

浅見氏は、まるで自分の目で見てきたかのように滔々《とうとう》と経緯を述べていますが、これらはすべて浅見氏の想像です。それにもかかわらず、「私の憶測によれば…」という断り書きもしないで作り話をしているのです。

末吉氏が、1992年の中間報告書に「新共同訳による」と付けたのは、「この報告書に使用した聖句は新共同訳」ということを読者に伝えるため、単に〝便宜を図った〟にすぎません。それを浅見氏は、統一教会は聖書の原典に無知であり、口語訳と新共同訳の読み比べをしてみて、初めて間違いに気付いて、慌てて検討会をしたなどと〝邪推〟しているのです。

末吉氏は、統一教会機関誌「ファミリー」91年11月号に論文を寄稿し、その中で「我々の身近にある旧約聖書はヘブル語の旧約聖書を翻訳したもの」と述べています。

末吉氏は、旧約聖書の原典がヘブライ語であるのを、すでに知っているのです。この一点からも、浅見氏が述べていることが〝邪推〟であることが分かります。浅見氏はこのように述べることで、統一教会信者の親族らに、統一教会に対する不信感をあおり、「統一教会は聖書についての教養が不足している」と見下すように仕向けさせようとしているのだと言えます。

3、悪意をもって教義を曲解

清水与志雄牧師は、今利理絵さんを脱会説得する際に、次のような統一教会批判をしています。

「統一協会では、神の御旨のためなら、『天情に徹して人をだますことも善だ』とか、『文鮮明が命ずれば殺人ですら実行する』と信じ込んでいますが……」（清水与志雄牧師の陳述書から)、「統一原理の教義には、聖書を悪用して神のための殺人を正当化するという、オウム真理教のような面がある……」(同)

このような統一教会批判を聞かされた親族は、どれほど驚き、不安に駆られることでしょうか。

反対牧師は、出エジプト記2章のモーセがエジプト人を殺した物語に対し、『原理講論』が「天の側であるとかサタンの側であるというのは、我々の常識や良心による判断と必ずしも一致するものとは言えないのである。モーセがエジプト人を殺したという事実は、神の摂理を知らない人はだれでも悪だと言うであろう。しかし、復帰摂理の立場で見ればそれは善であった」(541ページ)と注釈している一部分だけを意図的に取り上げて、いかにも統一教会の教えが殺人さえも正当化してしまうような、非人道的なものであるかのように印象づけようとしているのです。

しかし、この批判がいかにでたらめであるかは、何十年にもわたってこうまで激しく反統一教会活動をしてきた牧師の中で、誰一人として統一教会信者によって殺害された人がいない事実を見ても明白です。統一教会の教えは、決して「殺人」という手段を正当化しているものではありません。むしろ、エジプト人を殺したモーセを、なぜ神は選んでイスラエル人が出エジプトする際の指導者として立てられたのかという天の側の事情を説明するために、このような解釈を加えているのです。

文師は説教の中で、「本当はモーセはエジプト人を殺してはいけなかった」とし、「モーセに血気がなく、知恵深かったならば、エジプト人を殺しただろうかというのです。モーセがじっとしていたならばエジプトの主権を受け継ぎ……カインの国を復帰した基盤で、イスラエル復帰が自動的に展開されるのです。しかし、モーセが血気をもって人を殺すことによって、これが途絶されたという事実を知らなければなりません」（『宗族的メシヤ』光言社、１１０ページ）と語られ、モーセの殺人は悪いことで、本来、願われていたことではなかったとしています。

また、統一教会総務局からも〝公式見解〟が出されており、「嘘、殺人で蕩減復帰は不可能」と題して、次のように述べています。

「モーセ路程における殺人とは、どこまでも旧約時代において現れた摂理であって、イエス時代の実体路程を完全に表しているものではありません。そして、現代の摂理とは、イエスの時代と同様に、実体路程を歩む摂理であるために、どこまでも『怨讐を愛する』ということによってなされるのです。以上のことから、『原理講論』の内容は、モーセの殺人を教理として正当化しているというのではなく、聖書に現れている内容を宗教的見地に立って解説を加えているのにすぎない」（１９９８年４月15日「中和新聞」３ページ）

また、反対牧師らは、創世記27章のヤコブと母リベカがエサウと父イサクをだまして祝福を奪った物語に対して、「長子の嗣業《しぎょう》を復帰しなければならない使命をもって胎内から選ばれたヤコブは、次子の立場から、智恵を用いて、パンとレンズ豆のあつものを与えて、エサウから長子の嗣業を奪ったのであるが、ヤコブは長子の嗣業を重んじてそれを復帰しようとしたので、神はイサクに彼を祝福させた」（『原理講論』３３２ページ）と述べているのを曲解し、「嘘を奨励している」と批判するのです。

しかし、これは、イサクをだまして長子の嗣業を奪ったようなヤコブを、なぜ神は摂理的人物として用いたのかという、当時の天の側の事情を説明するために、このような解釈を加えているのです。しかも、ここでこのような形で長子の嗣業を復帰することは、本来願われていたことではなかったのです。「復帰は〝真の愛〟による自然屈伏によってなされる」というのが統一教会の教えの核心だからです。

統一教会指導者の一人、李耀翰氏は、「リベカはエサウを本当に気の毒に思わなくてはいけない。ヤコブは自分の主管圏でよく言うことを聞くから、もうそんなに愛する必要はない……それよりも、よく聞かない者を愛する。……（父イサクをだまさずに）エサウを愛していたら、ヤコブの路程が……悲惨にならなかったのです。21年間、ラバンのもとであのような苦労をさせるのが決まった路程ではなかった」（「祝福」84年秋季号）と述べています。

統一教会総務局も「本来ヤコブは『自然屈伏』の道を歩んで、だますことなくエサウから自然に長子権をもらえる道があった」（「中和新聞」98年4月15日号）という公式見解を出しています。

このように、反対牧師のねじ曲がった統一教会批判は、悪意から出たものです。

２０００年前にも、当時の人々が悪意を持っていたために、多くのクリスチャンが無実にもかかわらず、「キリストのからだと血とを表すもの（パンとぶどう酒）を『食べたり飲んだり』することを誤解して、キリスト信者は……幼児を殺して、これを食べる」（ケアンズ著『基督教全史』聖書図書刊行会、１２５ページ）と批判され、また、「キリスト教徒は世界の崩壊が近づいていると説いたので、その宗教は家庭を破壊するもの」（ボーア著『初代教会史』教文館、79ページ）と見られ、さらには、ローマの大火の際には、「放火罪というよりも、むしろ人類憎悪罪のゆえに罰せられた」（弓削達著『ローマ帝国とキリスト教』河出書房新社、３０６ページ）と同じだと言えます。

三、キリスト教内を〝魔女狩り〟

1、家庭問題のこじれを悪利用

反対牧師は、家庭問題のこじれを利用して、信者の脱会説得に取り組んできました。1989年に、反対牧師の家庭問題における対応ぶりの〝偽善性〟を深く考えさせられる出来事がありました。統一教会と交流のあったF牧師が、家庭問題の生じた信者に対して「私が親子の仲を取りもとう」と申し出たのでした。

F牧師は、「私も牧師になろうとする際に、親から勘当されて大変つらい思いをした」と言われ、その人格的な対応によって家庭問題は収拾したのでした。

一方、反対牧師らの対応は正反対です。家庭問題のこじれを利用し、「チャンス到来!」と言わんばかりに、不安をあおる情報をさらに親に与えて、やがて、「話し合い」と称して信者をマンションなどに隔離させ、脱会説得に当たっていくのです。そして、脱会した元信者に「返金訴訟」などを起こさせて、それをマスコミなどで取り上げさせて社会問題化し、新たな家庭問題の火種をつくっていく。これが、家庭問題に対する反対牧師の対応です。

実は、1974年11月16日「キリスト新聞」で、統一教会と交流があった西村次郎氏（日本キリスト伝道会副会長）が、「原理運動の青年の真摯《しんし》な姿に心ひかれます。彼らが親と別れ……栄達の道をすて、統一教会に加わるのは、我らの教会の教職の先生方の献身の動機と同じです。だから家庭の破壊者として引きもどすことも無理でしょう」と、統一教会を弁護しましたが、F牧師の対応ぶりは、この西村氏と同様のものでした。

F牧師と同じような取り組み方をする牧師が多くいれば、統一教会の信仰をめぐる家庭問題はこじれることなく、収拾するに違いありません。

実際に、信者自身の努力で、それまで反対していた家族が理解を示し、親睦会に参加して、家庭問題が解決するケースが多くあります。家族ぐるみで仲むつまじく統一教会の信仰をもつに至るケースもあります。牧師が好意的な仲介をすれば、家庭問題がどれほどスムーズに解決するでしょうか。

ところが、反対牧師がかかわるまでは、家族関係がうまくいっていたのに、反対牧師が介入し始めてから話がこじれるようになったと嘆く統一教会信者が、今日まで数多くいます。

反対牧師が家庭問題にかかわる動機は、統一教会に、より素晴らしい団体になってほしいからではなく、「信者を脱会させて、訴訟で統一教会にダメージを与えよう」という悪意からです。

ここで、F牧師の名を明かせないのには理由があります。実は、反対牧師から統一教会の協力者と見られれば、まるで中世の〝魔女狩り〟にも似たことが行われ、キリスト教内において平穏に過ごせなくなるからです。

例えば、前述しましたが、1974年に、「キリスト新聞」主筆の武藤富男氏が、小山田秀生氏と紙上対談で、統一教会を好意的に取り上げて擁護した際、武藤氏は「クリスチャン新聞」から直撃インタビューを受けて、まるで異端審問をされるかのような事態に至りました（クリスチャン新聞74年11月3日）。それは、反統一教会の活動で、監禁形態の説得法をあみ出した森山諭牧師が、武藤氏を批判し、協力者が現れないように論陣を張ったからでした。

「クリスチャン新聞」は、武藤氏の後で、西村次郎氏に矛先を向けて、「統一教会になぜ協力するのか」と追及し、西村氏は弁明せざるを得ない状況へと追い込まれました（74年11月10日）。そして、西村氏に「はっきりした態度を取らないと、今後も名前を（統一教会側に）利用されたりする」と述べ、統一教会と訣別するように迫ったのです。

ところが、西村氏は「キリスト新聞」74年11月16日で、前述した「原理運動の青年の真摯な姿に心ひかれます」と、統一教会を擁護する発言をなおも繰り返したために、「クリスチャン新聞」は74年11月24日、「統一協会被害者父母の会」を登場させて、「戦後の混乱時、正しいキリスト教に救いを求められ、家出を体験された牧師が、統一協会の信者達が常に家出をなす事に同情される人もおりますが、問題は似て非なるもの」と、西村氏を再び批判したのです。

このようなことが、キリスト教内部で起こったのです。

これらの対応で見られるように、反対牧師らはキリスト教内に統一教会が浸透するのを恐れて、協力者をつるし上げ、まるで異端審問官のような対応をしてきたのです。

2、統一教会の協力者を集中攻撃

反対牧師らは、統一教会に協力するキリスト教関係者に対し、魔女狩り的な対応をしてきました。川崎経子牧師は、統一教会系出版物に寄稿しないよう呼びかけました。

「不思議なのは、長期にわたって執筆されている（キリスト教の）先生方の存在である。

すでに原理系の出版物であることを知りながらなぜ執筆されるのか？　まさか文鮮明教祖をメシアと信じ、原理講論の奇妙な聖書解釈を信じているのではあるまい……原理系出版物に一度でも協力した先生方は、今後一切関係を絶ち、断固決別してほしい」（教団新報1987年4月4日）

なぜ協力者を徹底攻撃するのでしょうか？　それは「統一協会の、教会や牧師への浸透は、それに協力する牧師、信徒が後を絶たないところから、被害者の青年たちの救出を困難にしている」（同91年1月26日）と述べているとおり、「青年たちの救出」すなわち、川崎牧師らによる脱会説得を困難にするという理由からです。

実は、いわゆる〝霊感商法〟キャンペーンの背景に〝事前工作〟があり、反対派は、脱会説得で得た元信者の訴訟などで、統一教会を壊滅に追い込もうとの狙いをもっていました。

このことについて反対牧師らと共に統一教会反対運動を行っている山口広弁護士は、元信者による訴訟の一つである〝青春を返せ裁判〟が、「統一協会にとってジャブのように利いている」（教団新報91年11月16日）と述べています。

ところが、キリスト教内に統一教会の協力者が増えていくと、統一教会を〝異端〟と断定できなくなり、脱会説得が困難になるばかりか、監禁形態の説得法に対しても、キリスト教内部から批判される可能性があります。

実際に、オウム真理教が信者の脱会阻止のために「監禁」していた事実が発覚した際、大木英夫氏（東京神学大学教授）は、「信徒の監禁問題で（オウム信者の）医師が逮捕されるということがあったが、例えば、『原理』から引き離すための逆逮捕監禁が現行犯で逮捕されるのか」（キリスト新聞95年4月8日）という疑義を投げかけています。このような議論がキリスト教内部からわき起こることに対し、反対派は警戒せざるを得ないのです。

実は、統一教会の教理研究のために定期的に開催された「統一神学研究会」に、『教義学講座』（日本基督教団出版局）を監修した著名な神学者・松村克己氏をはじめ、小林榮氏（関西学院大学教授）、和田寿恵松牧師（日本オープン・バイブル教団総理）、芦名直道牧師（日本基督教団）、杉田常夫牧師（同教団）らは、常連で参加していました。特に松村氏は、統一運動に深い理解を示して、その後、統一運動の一環である「国際クリスチャン教授協会」の会長として活躍しました。現在、アメリカで多くの牧師が賛同するのと同様の状況が、日本でも起こりつつあったのです。

そのような動きに危機感を募らせたのでしょう。〝霊感商法〟キャンペーンがマスコミでなされるようになると、日本基督教団内の反対牧師らは、統一教会と交流のあったキリスト教関係者を一人ずつ攻撃してつるし上げ、見せしめにでもするかのように、「教団新報」に自己批判的な謝罪記事を掲載させました。

例えば、小幡慶助牧師は「今後は二度と関わりをもたないことを約束する」（90年2月24日）、杉田常夫牧師は「集会には出席せず、統一協会関係者の訪問も断ります」（91年1月26日）、斎藤友紀雄氏（東京いのちの電話事務局長）は「統一協会にかかわるあらゆる団体と関係しないよう、慎重に対処したい」（91年11月2日）、新垣達也牧師は「統一協会の主催する一切の集いに参加せず、その訪問も断ります」（92年3月21日）など、異口同音に謝罪させられていきました。

それればかりか、『キリスト教書総目録』に統一教会系の出版物が掲載されただけで、キリスト教書総目録刊行会に抗議して、すでに出版された「目録」を回収させました（92年2月22日）。

そして、『キリスト教年鑑』から統一教会の名を削除するように働きかけ（85年5月25日）、それればかりか、長年、協力し続けた中村信一牧師は、89年以降の『キリスト教年鑑』から、その名さえも削除される事態に至ったのです。

反対派の対応ぶりは、憲法で保障された集会の自由、言論の自由、出版の自由をまるで無視するかのようでした。

これは、かつてイエスに敵対して攻撃したユダヤ教指導者の対応を彷彿させるものです(ヨハネによる福音書9章22節他)。

統一教会は、諸宗教の和合一致を願って、超教派・超宗教運動に取り組んできました。その超教派、超宗教運動の推進のために、志ある牧師たちが集まりました。しかし、統一運動を推進し、交流を深めようとする牧師を反対牧師らがつるし上げることによって、そのような対話の場が妨げられてきたことを心痛く思うものです。

四、〝霊感商法〟キャンペーンの背景にあったもの

1、元信者による献金の返金訴訟

反対牧師の説得によって脱会した元信者は、統一教会に対して、献金の返還などを求める訴訟を行ってきました。

元信者は、統一教会を信じていたときは、自らの意志で喜んで献金を捧げていました。しかし、監禁された状態において反対牧師から説得を受け、「統一原理は真理ではない」「文師はメシヤではない」との話を真に受けるようになると、反対牧師と同様の動機から、統一教会や文師を憎悪して、献金の返還などを求める訴訟を行うようになるのです。元信者が心変わりをし、献金の返還などを求める背景には、反対牧師の脱会工作があるのです。

実際、長年、統一教会への反対活動を行ってきた故・田口民也氏は、「統一協会には断固たる態度をとる」と題して、「献金したものは当然返金してもらう。購入した物も返品して、その分のお金を返してもらう」（田口民也著『統一教会からの救出』いのちのこと

ば社、126ページ）と指導しています。そればかりか、「脱会届」や「返金要求」の書き方まで指導しています。

このような反対派の指導によって、統一教会に返金を求める訴訟が、これまで全国各地で起こされてきました。

また、いわゆる「青春を返せ裁判」の背景にも、こうした反対牧師の脱会説得があることを知らなければなりません（小出浩久著『人さらいからの脱出』光言社、170〜174ページ）。小出浩久氏の証言によると、反対牧師は監禁説得によって脱会を表明した信者に対して〝返金〟のための一覧表を書くように指示しており、それを書いたかどうかで、その信者が、本当に脱会したのか否かを見極めていたといいます（前掲書、90ページ）。つまり、統一教会に対して返金を求めることを、いわば「踏み絵」にしているのです。

反対牧師は、反統一教会活動に取り組む中で、父兄に対しては、信者を監禁してでも脱会説得をすべきであると指導し（「月刊現代」04年11月号）、そして、脱会した元信者に対しては、統一教会に対する献金返還などをするように指導して、それればかりか、その元信者が統一教会信者の経営する企業に就職していた人ならば、その顧客にも働きかけて、クレームやキャンセルを起こさせるように画策するといった活動を行ってきたのです。

日本基督教団は、1993年1月28日に声明文「再び、『統一原理』問題に関する声明」

を発表しており、その中で「統一協会を脱会した元信者達の訴訟も全国で行われ、被害者の救済と被害者を出さないための運動が進められている。現在訴訟を行っている人の数は全国で124人、被害総額は、92億円にものぼっている」とし、その訴訟が一連の組織的な反対活動をする中での〝実り〟であることを述べ、「日本基督教団はあらためてこの問題の重要性を確認し、今後も一層の努力をして統一協会の実態を世に示し、被害者を出さない活動を行い、被害者の救済に取り組み、統一協会が消滅するまで活動することを表明する」と結んでいます。

常識的に言えば、どんな宗教でも、その信仰をもっているときに、自らの意志で献金を捧げることは自然なことです。したがって、たとえ〝脱会説得〟に成功したとしても、「自分が信じていた宗教に捧げた献金だから、返金要求するのはおかしい」と指導するのが、本来であると言えます。

しかし、反対牧師には、統一教会や文師に対する宗教的な憎悪心があり、統一教会を壊滅させようとする明確な意図があるため、「献金を返してもらうよう断固たる態度をとらなければならない」（田口民也氏の著書）という指導となってしまうのです。

また、浅見定雄氏も、「受けた被害には泣き寝入りしないこと。経済的被害もなるべく取り戻したらよい。それは自分たちのためだけでなく、統一協会にダメージを与えるためである」（『統一協会＝原理運動』２２３ページ）と指導しています。

2、〝霊感商法〟キャンペーンに事前工作

１９８７年2月14日、朝日新聞が〝霊感商法〟キャンペーンを開始しました。以来、反対派は、マスコミなどを通じて「反社会的な霊感商法を行う統一教会」と統一教会批判を展開しました。この〝霊感商法〟キャンペーンの、いわば〝事前工作〟と呼べる元信者の活動があったことを知らなければなりません。

統一教会を脱会させられた元信者は、自分の献金に対する返金要求だけでなく、統一教会信者らの経営する企業に就職していた場合には、宗教法人・統一教会（世界基督教統一神霊協会）と関係がないにもかかわらず、その顧客にも働きかけて返金させていく活動をしました。

例えば、反対牧師の和賀真也氏が主宰するエクレシア会の「エクレシア会報」第21号（82年6月11日）には、Mさんの脱会した経緯とともに、彼女が脱会後、脱会説得者とともに自分の顧客を積極的に回った事実が、次のように報告されています。

「遂に脱会の決意が成り、大阪まで同行し、印鑑や壺販売のお客一人一人の家を回って、間違いを告白し、働きを止める旨告げて行った」（14ページ）

また、同会報第18号（82年3月10日）にも、「昨年1千万円を越える同様の取引解約にひき続き、再び高額商品の返品・解約に成功した。被害にあった人は長野県の善良な未亡人であり、不運な体験を威迫商法に利用されて亡き夫の財産をつぎ込み、1300万円を支払ってしまった。その後、エクレシア会によりこれは統一協会の営利事業と分り、解決に努めてきた」（6ページ）とあります。このようにして、顧客を訪問して、ことさらに営利事業を統一教会と結びつけた話をすることによって解約・返金をさせる活動をしているのです。

田口民也著『統一協会からの救出』にも、元信者が自分が就職していた企業の顧客を回って、商品を返品させるための働きかけをした事実が、次のように報告されています。

「（脱会後の）彼は霊感商法で壺や多宝塔を売った人たちのところへ行って、何度玄関払いされても、熱心に自分の間違いをおわびし、イエス・キリストに救われた喜びを伝えてゆきました。

Ｆさんという婦人は、最初の３日間ほどは玄関にも入れてくれなかったということでしたが、Ｎ君の真実な態度とあまりの真剣さに、よくよく話を聞いてみようということになり……ついにはイエス・キリストを信じ……多宝塔も返して、代金を取り戻すことができたそうです」（１８９〜１９０ページ）

（補足）実は、クリスチャンが洗礼を受ける時、もし過去に犯した罪があるなら、その罪を償ってから洗礼を受けるという慣例があります。つい最近でも、そのことが新聞で報道されました。

あるクリスチャンが、「私は13年前にスーパーで万引きをした。申し訳ありませんでした」との謝罪文に、「盗んだ者は、今後、盗んではならない」（エペソ人への手紙４章28節）という聖句を書き添えて、被害者に弁償金を送ってきたというのです（「読売新聞」２００８年２月８日夕刊、２月11日朝刊）。

牧師はよく、ピレモンへの手紙の「何か不都合なことをしたか、あるいは、何か負債があれば……それを返済する」（18〜19節）を引用して、これから洗礼を受けていく信徒に対し、犯した罪があるなら、それをないがしろにせず、清算しておくべきであると信仰指導します。

このような指導を受けて、クリスチャンは罪の悔い改めの行動として、迷惑を掛けた相手を積極的に訪ね、お詫びしながら弁償するのです。実は、統一教会の元信者が顧客を熱心に回ってキャンセルさせていくのは、反対牧師の脱会説得を受け、自分はサタンの手先になって活動していたと思い込むようになり、その変節した信仰的動機によってなしている行動であることを知らなければなりません。

また、日本基督教団出版局発行「信徒の友」1988年5月号にも、元信者らの働きかけによって、返金がなされた実例が報告されています。個人が特定されないために、いくつかの事例をもとに再構成したとしながらも、次のように述べています。

「知人に相談、回り回ってある牧師を紹介された。（統一教会信者の）妻にはうそをついて、母も加わり3人でその牧師館を訪ねた。

（妻の脱会の）説得は夜8時から明け方にまで及んだ。12時頃、ふとつきものがおちたかのように我に返った。

霊感商法の被害届けがたくさん出ていること、文鮮明という人がどんな人でどういう生活をしているか、キリスト教とのちがい、などを、その牧師はひたすら話した。……

（そして）献金や、母の分も合わせて、被害額の計1450万円は、弁護士を通して統一協会並びに販売会社に契約の取り消しを求めた結果、ほぼ全額もどってきた」（20ページ）

このように、反対派は「キリスト教とのちがい」を語り、説得して脱会させた元信者らの働きかけによって、本人が捧げた献金ばかりか、統一教会信者が経営していた企業への返金請求をさせて、その額も〝霊感商法〟の被害総額に含め、統一教会批判に利用していきました。

反対派は、〝霊感商法〟キャンペーンが開始されるより前に、さまざまな元信者自身の返金訴訟および顧客への働きかけによって、被害者を発掘する活動を行っていたのです。

そして、マスコミでキャンペーンが始まると、それまで購入した商品に満足していた人も不安をあおられ、消費者センターなどに相談することで、それがまた、さらにマスコミで取り上げられ、徐々に〝霊感商法〟問題の騒ぎが拡大されていったのです。

実は、元信者らは、就職していた企業の顧客との出会いの中で、不思議な体験をしていることが多くあります。

「お客様が、例えば、亡くなられたご主人の夢を見るとか、そのものを買ったことによって、あるいはお金を出したことによって、ご主人さんが喜んでいるような形でお客さんが夢をみるんだというようなこと、それは、私自身、体験して……」(『霊感商法の真相』世界日報１０５ページ、元信者による法廷証言)

しかし、このような不思議な体験が多くあったとしても、反対牧師の説得によって心変わりし、「統一原理は間違い」「文は偽キリスト」と思わされた元信者らは、その現象がサタンによって引き起こされた現象（田口民也著『統一協会からの救出』）であるとか、巧妙に〝心理操作〟されていた結果と決め付け、反対活動を行ってきたのです。

反対派による脱会説得事件がなければ、元信者による顧客に働きかける事前の工作活動もあり得ず、いわゆる〝霊感商法〟問題がここまで拡大されることはなかったと言えます。

3、反対活動における元信者の信仰的動機

いわゆる〝霊感商法〟が社会問題化された背景には、キリスト教の教理問題が深くからんでいることを知らなければなりません。

①偶像崇拝や占いなどを排斥するキリスト教

キリスト教信仰（特に福音派）では、「先祖供養」をはじめ「占い」「姓名判断」「霊能者」というものを罪悪視しており、その考え方が脱会した元信者らを反統一教会活動に駆り立てる力となっています。

クリスチャンは、姓名判断や手相などを見る行為に対して、「占いは非聖書的」という考え方をもっています。また、「霊界は存在しない」と考え、霊能力的な話をも拒絶してしまう傾向をもっています。また、仏像などに手を合わせる行為についても、「偶像崇拝」とサタン視し、さらには日本人が伝統的に行ってきた「先祖供養」に対しても、拒否する思いをもっています。

クリスチャン信徒の学習に使用されることがある、H・U・スヴェルドラップ著『神の救いの道―ルターの小教理問答書解説』（聖文舎）には、次のように記されています。

「刻んだ像（偶像）を用いていると、その結果はどうなりますか？　（それは）堕落した礼拝となり、神に栄光を帰することもなく、礼拝者の生活をきよめることもありません」（37ページ）

「すべて偶像礼拝をしている人は、誰に仕えることになりますか？　（それは）悪魔に仕えているのです。悪魔はいつわりの父で、悔い改めぬかたくなな罪人の神であり、主なのです」（38ページ）

「そのほかの迷信とは何ですか？　（それは）うらないや、おまもりや、霊術や、そのほかの魔術などを、信じたり行ったりすることです。すべてこういった迷信は、なぜ神を喜ばせることができないのですか？　これらは悪魔から出たもので、私共が神とみことばとでなく、ほかの人間やものに頼るようにさせるからです。また、迷信に従う人は、神のみことばに従わず、みことばに頼ろうとしないからです」（46〜47ページ）
「死んだ両親を拝むことによって敬おうとするのは、神のみこころにかなうことですか？いいえ、神は、誰であろうと神以外のものをおがむことを、絶対におゆるしになりません」（57ページ）

以上のような考えから、プロテスタント（特に福音派）の信仰をもつクリスチャンは、「仏像を拝んでいる仏教は、サタンが興した宗教だ」「マリア像を造って崇拝しているカトリックは、堕落しサタンの巣窟《そうくつ》になっている」「神以外のものに手を合わせる〝先祖供養〟は罪である」などと考え、偶像崇拝、占い、先祖供養などを敵視するのです。極端な場合には、仏壇や位牌などを焼き、廃棄しようと考えるクリスチャンもいます。例えば、橋本巽《たつみ》氏は次のように述べています。

「クリスチャンになったとき、仏壇や位牌をどう処理するかという問題があります。それらを焼いたりすることは信仰の立場からいえば、当然のことで何ら差し支えのないことです。しかしそれが伝道の上で非常に妨げになるということを忘れてはなりません。つまり焼いてしまうことは、家族や親族、町や村の人に非常に大きな影響を与えるのです。……らしいのです。
宣教師が仏壇を庭いっぱいに盛り上げて、賛美しながら『勝利、勝利』と言って焼いたらしいのです。それを町の人や近所の人が見て、キリスト教はひどいことをすると言って焼いた新聞にまで出たんです。……宣教師は勝利だと言って手をたたいて喜んだ。けれども結局は負けで、伝道ができなくなって引き揚げてしまいました。ですから日本では仏壇や位牌を焼くことは信仰の上からいえば何でもないことですが、周囲がみな未信者ですから、私たちは賢いやり方で処理しなければなりません」（『日本人と祖先崇拝』いのちのことば社、113～114ページ）

ちなみに、イザヤ書44章9～20節、ハバクク書2章18～20節、エレミヤ書27章9節、ガラテヤ人への手紙5章20～21節など、聖書には多くの箇所で、〝偶像崇拝〟や〝占い〟〝まじない〟に対し、否定的かつ警告的な聖句が書かれています。

元信者らが、以上のようなキリスト教信仰の影響を受けると、手相や姓名判断はサタンのわざであり、先祖供養を偶像崇拝であるとして拒否するようになるのです。

ゆえに、職業の選択の自由によって印鑑販売会社などに就職し、普通の販売行為をしていた人であっても、反対牧師の説得を受けて脱会すれば、変節した信仰上の理由で、それまでの行為はサタンの業であったと判断を下すようになります。そして、顧客に働きかけをしてでも、契約をキャンセルさせなければならないという使命感をもつようになっていくのです。

前述した田口民也氏の著書に登場するN君が、Fさんという婦人に何度玄関払いされても熱心に働きかけるその情熱は、前述したような信仰観から来ていることを知らなければなりません。このような信仰上の理由が、〝霊感商法〟問題をさらに拡大させていくこととなりました。

②偶像崇拝、占いを戒めている理由

では、なぜ神は、聖書の中で、「偶像崇拝」「占い」「霊媒（口寄せ）」などを厳しく戒めておられるのでしょうか？　そこには、いくつかの理由が考えられます。

一つの理由は、人間は〝無形なるもの〟よりも、目に見える偶像などに心を奪われやすいために、無形の「創造神」を見いだすのが難しく、たとえ見いだしても、信じ続けることが困難であるためです。モーセに率いられて出エジプトしたイスラエルも、紅海の奇跡、雲と火の柱、マナとうずらなど、目に見える〝印〟（奇跡）があれば信仰が続きますが、それがなくなれば、わずかの試練で不信します。そこに〝金の子牛〟（出エジプト記32章4節）が現れると、〝無形なる神〟を忘れて、すぐに誤導されるために、「偶像崇拝」を強く戒められたものと考えられます。

もう一つの理由は、カナン（パレスチナ）には、バアル神、アシラ神などの「豊穣神《ほうじょうしん》」を崇拝する土着信仰があり、生殖と豊穣を重ね合わせて、バアル神やアシラ神の像（偶像）の前で男女が性関係をもつ淫蕩《いんとう》の祭儀がありました。そのバアルに仕える巫女《みこ》などは、占い、まじない、霊媒（口寄せ）などを行い、それが人心を惹き付けたりもしたのです。占いや口寄せは、言わばバアルに人々を誘《いざな》う甘い罠となっていたのでした。そのような〝淫蕩の道〟からイスラエルを守るために、その入り口になり得る占い、まじない、霊媒（口寄せ）を強く戒めておられたのだと言えます。

もし占いやまじないそのものが〝悪〟ならば、ウリムとトンミム、プリム（くじ）など、それ以外の同様の行為を、なぜ神は黙認し、歴史的にイスラエルに許し続けておられたのかという疑問が生じてきます。ウリムとトンミムは、「古代において祭司が神意を問うために用いた一種のうらないの道具」（『聖書辞典』新教出版社、65ページ）です。また、プリムは、エステル記に出てくる祭りの起源となった、「ハマンがユダヤ人を根絶やしにする月を決めるために投げた『くじ』にちなむ」（『新聖書辞典』いのちのことば社、１０８

7ページ）ものであり、さらには、イエスを裏切ったイスカリオテのユダに代わる12弟子を〝くじ引き〟で選んでいる（使徒行伝1章26節）ことも、疑問になってこざるを得ないのです。

また、姓名判断に関連することで、名前には何らかの意味が込められていることが、次のことなどからも言えます。①神ご自身が、「イエス」と名付けなさい（マタイ伝1・21）、「ヨハネ」と名付けなさい（ルカ伝1・13）と言って、非常に名前にこだわりをもっておられる。②イエスも12弟子のシモンにペテロ（マタイ伝16・18）、ヤコブとヨハネにボアネルゲ（マルコ伝3・17）、レビにマタイ（ルカ5・27）というニックネームを付けられ、名前に強い関心を示しておられる。③聖書全体にいえるのは、それぞれの名前には重要な意味が込められており（例えば、ノアは慰めあるいは安息、イサクは笑う、ユダは賛美、マリアは強い）、さらには、アブラムがアブラハムに、サライがサラに、ヤコブがイスラエルに変更されたりするのも、それは決してでたらめに変更されているのではなく、重要な意味があって変更されています。これらのことを考察するとき、姓名には何らかの意味、運勢などがあることがうかがえ、姓名判断が全く非聖書的であると決め付けることはできないと言えるでしょう。

また、「霊媒（口寄せ）」について言えば、サウル王が霊媒女に口寄せを行わせ、陰府《よみ》から現れたサムエルが〝神〟の言葉を語っていることも（サムエル記上28章8〜25節）、それはなぜなのかと問わざるを得ないでしょう。

結局、聖書が「偶像崇拝」「占い」「霊媒（口寄せ）」などを戒めたのは、唯一なる「創造神」を見失わせないため、また「淫蕩な道」に走らせないためという、より本質的な理由がそこに込められてのことだと言えるのです。

それらの行為を、教理的に認めるか認めないかという論議は別として、クリスチャンが、そういった本質を見落として、ただ頭ごなしに「偶像崇拝」「占い」「姓名判断」などを〝悪〟であるといって排撃し、場合によっては、「仏壇」「位牌」を焼き払ったり、また、神社仏閣への参拝、墓参りなどを批判したりすることで、仏教、儒教、道教、神道および新宗教など、他の宗教と和合できず、深刻な対立を引き起こしているとすれば、平和のための超宗派運動が願われる現代において、極めて問題のある態度と言えるのではないでしょうか。

私たちは、他教派、他宗教の教えを尊重せず、いたずらに排斥しようとする〝正統・異端論争〟を卒業して、すべての宗教が和合一致していける道を模索していかなければなりません。

③キリスト教が「霊界」を否定する理由

キリスト教は、霊界の実在を否定する傾向性をもっていますが、そこにはキリスト教教理の根本である「十字架贖罪論」に直結した教理的な理由があります。

キリスト教においては、堕落することによって、人間には〝霊的死〟および〝肉体の死〟が起こったと考えられています。そして、「終末」が到来して、人間の救いが完成し、「栄《えい》化《か》」（栄光のからだ、ピリピ人への手紙3章21節参照）すれば、人間は〝永遠の生命〟を得て永生するようになるため、その栄光の体（栄化体）で生きる世界とは別の死後の世界、いわゆる「霊界」という世界は存在しなくなると考えているのです。

もし、人間が、堕落しなくても死んでしまい、死後の世界である「霊界」が普遍的に存在するとすれば、イエスが人類に死をもたらした〝罪〟を清算するために、十字架にかかって身代わりに死んでくださり、そして復活されたのだという教えそのものが崩壊してしまうのです（参照：コリント前書15章12～19節）。

すなわち、もし肉体の死が、堕落によってもたらされたものではなく、堕落しなかったとしても、人間は死んで霊界に行くようになっていたとするならば、十字架によるイエスの肉体の死（流された血潮）が、人類の罪を清算するための〝身代わりの条件〟であったという論理が崩れるのです。

キリスト教では、人間は堕落することでその肉体が朽ち果てて死ぬ卑しい存在となったために、その応急処置的な世界として陰府《よみ》（黄泉《よみ》）と呼ばれる、言わば「霊界」のような世界が存在するようになったと想定しています。

旧約聖書にはヘブル語で「シェオール」（陰府と訳される）、新約聖書には、ギリシャ語で「ヘーデース」（黄泉と訳される）、および「ゲヘナ」（地獄と訳される）などが登場しますが、特に黄泉（陰府）の世界とは、堕落人間の肉体が朽ち果てた後に、最後の審判を受けるまでの期間、一時的に住む〝死者の住居〟と考えられているのです（教派によっては、伝道の書9章5～6節を根拠に、「死者の眠り」を主張するものもあります）。

クリスチャンが信じるように、もし終末時に〝肉体の復活〟（からだの復活）が起こって人間の救いが完結するとすれば、「死後の世界」である霊界の存在は否定されることになります。しかし反対に、霊界が永遠に実在し、〝肉体の復活〟（からだの復活）が起こらないとすれば、キリスト教神学の根本である「十字架贖罪論」が崩壊することになってしまうのです。霊界が実在するか否かは、実に深刻な教理問題に直結しています。

それゆえに、カトリック教会では、1979年に『「終末論に関する若干の問題について」解説：教皇庁教理聖省書簡』を出版し、「もし、復活がなければ、信仰のすべての構造は、その基礎から崩れる」（6ページ）と述べ、〝肉体の復活〟（死者の復活）の教えが否定されることに対して強い警戒感を表明しているのです。

フランスの神学者オスカー・クルマンは、1958年に『霊魂の不滅か死者の復活か』（聖文舎）を出版し、次のような問題提起をしました。

――パウロから始まる正統と言われるキリスト教神学は、〝肉体の復活〟を信じているのであって、死後の〝霊魂の不滅〟を教えているのではない。ところが、多くのクリスチャンはいつの間にか、パウロの教えを忘れ、死後の〝霊魂の不滅〟を信じるようになっている。それは、キリスト教の真正な教えと相容れないものである。――

クルマンがこのように論じたとき、キリスト教の根本教理とは裏腹に、通俗的には〝霊魂の不滅〟を信じていた数多くのクリスチャンたちは、その指摘に失望し、落胆したと言われています。

以上のように、キリスト教の教理は、〝霊界の実在〟を否定しなければならないという教理的問題をはらんでいるのです。

④キリスト教が「先祖供養」を否定する理由
「祖先崇拝」は古来、広く諸地域に存在し、典型的な姿が古代のギリシャ・ローマにおいて見られました。古代ローマでは、家の祭壇に、親族が日に幾たびか時刻を定めて供え物

をし、そこで祈祷の讃歌をうたっていました（前田卓著『祖先崇拝の研究』青山書院）。ところが、キリスト教の興隆に伴って、西洋においては、祖先崇拝がすたれていったのです。聖人を崇敬する伝統はカトリック教会にありますが、祖先崇拝については、「今日、文明民族におけるそれの現実の姿を見んと欲する者は、東洋に赴かねばならない」（臼井二尚《じしょう》・京都大学名誉教授）と言われるほどになりました。

キリスト教は、基本的に「祖先崇拝」を罪悪視し、極端な場合は、「仏壇」「位牌」を焼き払ったりもします。実は、そこにもキリスト教の教理問題がからんでいるのです。

「原罪」が遺伝することについては、カトリック教会では、アウグスティヌス以来、父親の生殖行為によって〝原罪〟が子孫へと伝わっていくという「血統的遺伝」を認めています（ホーダーン著『現代キリスト教神学入門』日本基督教団出版局、46ページ）。

ところが、人間の救済については、キリスト教では、あくまでも信者一人ひとりが自分自身で、十字架の贖《あがな》いに対する「信仰」をもつことによってのみ救われると説いており、東洋で言う、先祖の因縁や功労というものは説かず、むしろそれを否定しているのです。

すなわち、陰府（黄泉）に行った人々も、〝最後の審判〟の際には、肉体をもって復活し、各個人が自分で信仰をもつのか否かの〝最後のチャンス〟が与えられると考えられており、他の人が身代わりとなって、功徳《くどく》を積むとか、「先祖供養」をすることによって救われるなどとは考えていないのです。まして、他の生命に生まれ変わるという、輪廻転生の考え方は受け入れません。

また、キリスト教は、三一神（三位一体）以外を拝むことを、〝偶像崇拝〟と見て排斥しており、祖先崇拝や供養に対して否定的なのです。

ただし、カトリック教会では、伝統的に「死者の記念」と題して、死者のために罪とその罰からの清めを願って祈りと犠牲を捧げています。これは、言わば「とりなしの祈り」であって、それを救いのために有効なものであると見ています。

また、カトリック教会では、死後における地獄・煉獄《れんごく》・天国の三界を説き、犯した罪を「小罪」「大罪」に分けて、小罪を犯した者が行く世界である「煉獄」においては、そこで霊魂が苦しみを受け、罪を贖罪《しょくざい》することによって救われていくと考えます。さらには、死後の霊魂が天国に至るまでの中間界にとどまるという「幼児リンボ界」（未受洗の幼児の世界）などという考え方もあります。

特に、古代教会の著名な神学者オリゲネス（AD182～251年）は、キリスト者は、死後の世界においても進歩を続け、不信者に対する刑罰の火も訓練であり、最後にはすべての霊（悪霊も含む）が救われると説く〝万人救済〟の立場もあります。しかし、このオリゲネスなどの〝万人救済〟の思想は、異端の教えとして排斥される傾向にあります

（『キリスト教大事典・改訂新版』教文館）。

以上のように、霊魂になった後（いわば霊界で）の救いを説いているカトリック教会の教理を、プロテスタント教会は、基本的に否定します。

その理由は、キリスト教は「輪廻転生」を否定し、たとえ近親者であったとしても、本人以外の人がなす「先祖供養」などによって救われるという考え方を受容しないからです。もし先祖供養などを肯定してしまえば、個々人がイエスの十字架の贖いを信じる「信仰」によってのみ救われると説く、キリスト教の根本教理が崩壊してしまうからです。したがって、キリスト教では、あくまでも一人一人が十字架の贖いに対する信仰をもつところに、唯一の救いの道があると説き、それを強調せざるを得ないのです。

⑤脱会した元信者の心の変化

霊魂の考え方について、鈴木岩弓《いわゆみ》・東北大学大学院教授は、次のように述べています。「肉体が滅んでも霊魂は引き続き存続するという……死後観念は、歴史を超え、地域を超えて世界中に広く見られる……社会調査の結果では、わが国で死後の霊魂の存在をはっきりと否定する人は20～40％で、過半数を超えたことはない。それに引き換え死後霊魂の存在を肯定する人は、多いときには60％にも達している」（「中外日報」２００４年3月18日号）。このように、いつの時代においても、霊界の実在を信じる人が多数を占めてきました。

ところが、神や霊界の実在を否定する左翼思想家は、〝霊を見る〟というスピリチャルカウンセラーの話や、運勢を変えるという運勢鑑定士の話などは、「詐欺行為」そのものと断定してしまうのです。

一方、クリスチャンたちにとっては、宗教的理由から、スピリチャルカウンセラーや運勢鑑定士の話、あるいは先祖供養などを拒絶し、排斥してしまわざるを得ないのです。それは、信仰上から来る問題が深くからんだ〝拒否反応〟であることを知らなければなりません。

一部の統一教会信者らが、巷間《こうかん》で行われている手相や姓名判断をし、先祖供養らしきことをすること自体、聖書の禁じる教え(占い、先祖供養など)を暗黙のうちに認めていることになるのではないかという考えから、つまずきとなってしまうのです。このような嫌悪感は、保守的なクリスチャンであるなら、ほとんどの人がもつだろうと思われます。事実、反対牧師から説得されて脱会した元信者には、同様の嫌悪感が如実に見られるのです。

例えば、田口民也編著『統一協会からの救出』（いのちのことば社）には元信者の気持ちが、次のように述べられています。

「キリスト教で語られる聖霊は良いお方で、〝神〟であるとわかった。……これは本物であると信じられる。しかし統一協会でも霊石を授かることによって、病気が治ったり、問題が解決したりするなど、良い結果の与えられている例がかなりある。はたして、これが悪なのであろうか？……（説得者の）田口さんは『統一協会に働いているのは悪霊である』と言われるが……いったい、どちらが本当なんだ。どちらが真理なんだ」（159ページ）
「霊的な働きについての考え方も、統一協会と聖書ではまったく違うということがはっきりした。統一協会で活動していたとき、よくこう言われた。『霊界の協助（協力し助けること）を受けるために、お父様が、あるいは先祖が、またはその地域の善霊が、右肩にお られることを意識して歩みなさい』と。今思えば、ぞっとする。何かわからない霊のことをいつも慕いながら歩んでいたのだ。それを〝神〟と信じて……」（171ページ）

すなわち、元信者らは、自分の顧客に、病気が治ったり、先祖が現れるなど、奇跡とも言える霊現象が顕著に起こっていたとしても、信仰上の変化に伴って、それは悪霊やサタンによって引き起こされた現象であると断定するようになる結果、それまで自分がやってきた行為が「誤りであった」と判断を下すようになるのです。また、〝先祖の霊〟が働くこと、〝その地域の霊が働くこと〟を念ずること自体が聖書の教えに反しているという、〝嫌悪感〟を強く抱くようになるのです。

福音派の信仰をもつ保守的なクリスチャンは、占いや霊媒を拒否します。例えば、田村昭二氏はその著書『なぜいけない？ 占い・オカルト・新新宗教』（いのちのことば社）で、「突きつめれば、この種のものはすべてサタンがルーツだからである」（125ページ）と断定しています。

この霊現象に対する嫌悪感が、文師＝偽キリストという思いと相まって、元信者らは、統一教会＝サタン＝霊感商法＝社会悪という結論に行きついてしまうようになります。

尾形守著『今日の宗教ブームと悪霊の働き』（いのちのことば社）には、次のように記されています。

「統一協会（原理運動）、エホバの証人（ものみの塔）、モルモン教などの異端は、まさに悪霊がつくった反キリスト集団である。彼らの内に働く霊は、クリスチャンのうちに住まれる聖霊とは全く違う。異端の霊は悪霊である（Ⅰヨハネ四・三）。

統一協会には統一協会の悪霊が働いている。……彼らのそばを通りかかるたびに、一種独特の違和感、霊的雰囲気というか圧力のようなものを感じるのは、筆者だけでないだろう。それは悪霊の力である。

この異端からはちょっとやそっとでは抜け出せない。サタンの霊力が彼らを覆っているからだ。……

悪魔や悪霊はまた、占い、呪文、魔術、霊界通信などの心霊術、幽霊などの霊現象、コックリさん遊び、聖書から逸脱した予言、霊能者による霊感や心霊治療などで、日本人の心を引きつけている。週刊誌やテレビでの占い、また街頭の占い師を通して、悪魔は多くの日本人をまことの神様からそらしている。〝占いは常識〟という間違った考え方を植えつけている。だが、聖書ははっきりと、こうしたわざ（業）を禁じている。……過去に占い等の罪を犯したことがあるなら、ひとつひとつそれを告白し、罪を悔い改めてイエスの十字架の血潮で赦していただくことである。……

悪魔や悪霊は、日本の習俗にも入り込んでいる。新宗教でも積極的に先祖供養を取り入れているところが多い。クリスチャンは祖先崇拝と妥協してはならない。まことの神以外を拝んではならないし、ひれ伏してもならない。そんなことをすれば悪魔を喜ばせるだけである。……（クリスチャンは）死者を礼拝しない。死者への礼拝行為である焼香もしない。仏壇や墓にも線香をあげない。そんなことをすれば悪魔を喜ばせ、悪霊の影響を受けてしまうことにもなる」（59～63ページ）

⑥カトリック教会の「記念祷」をめぐって

しかし、カトリック教会では、伝統的に「記念祷」と言って、〝死者のための祈り〟が公式的に行われています。『キリスト教百科事典』（エンデルレ書店）には、次のように説明されています。

「死者の記念の祈りの文は『主よ、信仰のしるしをもって、先にみまかりし者、また平安に眠れる主のしもべ、しもめ（名をあげる）を記憶し給え。（ここで祈ろうとする死者のために、しばらく祈る）主よ、願わくは、かれらならびにキリストにおいて休息《やす》むすべての者に、いこいと光りと平安との場所を与え給え』」（399ページ）

この「記念祷」による死者のための祈りは、キリスト教の初期の時代から行われてきた、むしろ伝統的な行為なのです。

日本カトリック中央協議会は、1985年1月20日、『先祖と死者についてのカトリック信者の手引』を発行して、次のように述べています。

「親類などのつき合いで仏壇を取り除くことができない場合には、仏壇を安置してもかまいません。……

カトリックには、死者の供養のために唱えるお経はありませんが、死者のための祈りがたくさんあります。死者のためにミサを捧げることは適切な方法です。……古くから教会では、死者のためにミサを捧げることが行われてきました。

死者との交わりを深めるのは家族の務めです。家族は時々集まって、死者のために祈ることをお勧めします。いろいろなカトリックの祈祷書の中には『死者のための祈り』がありますから、それを使うとよいでしょう。また、時には司祭を呼んで祭壇の前で死者のための祈りを唱えることは、大変良いことです。……

故人との交わりを深めるために（果物・お茶・お酒などを）毎日供えることも差し支えありませんが、ただ形式的にならないようにしましょう。……

死者との交わりを深めるために、カトリックでも霊名（洗礼名）や、誕生・洗礼・堅信・結婚・死亡年月日などの記録が家庭にあってもよいでしょう。その他、亡くなった人の記念として記録をつくり、祭壇あるいは他の適当な場所に保存することもできます。信者の場合、必ず霊名を書き入れましょう」（15～17ページ）

このようなカトリック教会の考え方や指導に対して、反対牧師の桑原重夫牧師は、「プロテスタント教会の側から見れば、当然、そこに多くの疑念が生じる。『死者と私たちの連帯』とか『祖先のための祈り』とかいう表現に出会うと、その聖書的根拠がどこにあるのかと問いたくなる」(「教団新報」83年3月26日)と批判しています。

ところで、先祖供養などを否定する反対牧師から説得されて脱会し、そのような信仰上の疑問点を整理できなくなった元信者は、霊現象や先祖供養などについて拒否反応を起こし、批判していくようになってしまうのです。そして、自分のしてきたことは、キリスト教信仰から見て〝サタンの業〟であり、「すべて間違っていた」と判断するようになり、必死に自分の顧客を回り、契約をキャンセルさせたり、場合によっては訴訟を起こすように指導していくようにさえなってしまうのです。

そのような元信者や反対牧師たちの一連の働きかけから、クレームを拡大させていくことが容易であったことを知らなければなりません。そのような元信者らの働きかけによって、いわゆる〝霊感商法〟問題を拡大化させていく事前工作も可能であったのです。もし拉致監禁を伴った脱会説得活動がなければ、ここまでいわゆる〝霊感商法〟問題が拡大されることはなかったと言えるのです。

それぱかりか、〝極端な話〟をすれば、反対牧師の説得によって脱会し、「統一教会が間違いだ」「文は偽キリストだ」と判断するようになった元信者の協力を得るならば、どんなことでも社会問題化することができたと言い得るのではないでしょうか？　なぜなら、脱会した元信者らに反統一教会活動の使命感を与えて鼓舞《こぶ》し、彼ら自身の顧客を熱心に回らせて、契約をキャンセルさせるように仕向けていくなら、それがどのようなものであっても、信頼関係を損わせることで、それまで喜んでいた顧客さえも動揺させ、キャンセルさせていくことは十分に可能だからです。４０００件以上も起こった脱会説得事件です。事件は、今なお起こり続けているのです。

そうやって得た元信者に献金の返還をさせるだけでなく、その元信者が統一教会信者の経営する企業に就職していた場合には、その顧客にも働きかけをしてキャンセルさせ、それをもって、「統一教会はこんなにも多くの問題を引き起こしている」というイメージを作り、それをマスコミを使って社会問題化していく。そして、不安になった親族をうまく取り込み、新たな拉致監禁を行って、さらなる元信者をつくっていく。このようにして、反統一教会の牧師たちの活動によって、雪だるま式に増えていく家庭問題を利用しながら、巧みな活動をやってきたといえるのです。

第三章　世界に類を見ない人権侵害

一、棄教するまでやめない脱会説得

1、建前にすぎない〝話し合い〟

長年にわたって、反対派やマスコミは統一教会批判を繰り返してきました。反対牧師が暗躍した約40年間で、批判書（週刊誌などを除く）は優に90冊を超えており、反対派の思い入れは極めて異常です。

その批判内容は、統一教会内部でリンチが行われているといった誹謗中傷、未解決の凶悪事件に対する事実無根の統一教会犯行説、さらには、事実がゆがめられて伝聞された文師の「経歴詐称疑惑」、統一教会出版物の「相互矛盾」の揚げ足取り、統一原理を曲解した「教理批判」、風聞に基づいた〝血分け〟の中傷、などです。これについては、後に詳述します。そして、反対牧師の説得で脱会した元信者が起こした訴訟、いわゆる「青春を返せ裁判」「霊感商法裁判」「婚姻無効裁判」などの裁判記録や報道などが、新たな脱会説得のための批判資料とされています。これらは、親族の不安をかき立てるものばかりです。

批判書を読んで不安を抱き、そこに記載してある相談窓口などに連絡して反対牧師とつながった親族は、さらに不安をあおられて、結局、反対牧師や元信者らと協力態勢を組みながら、統一教会信者の〝脱会説得〟に取り組むようになるのです。

よく反対派は、「家族だけでは救えないけど、家族にしか救えない」（「日本海新聞07年5月28日）と言います。つまり、脱会説得を成功させるには、親族と反対派の〝共闘〟が必要不可欠だと言うのです。

「家族だけでは救えない」というのは、脱会説得には、統一原理批判に関する専門的な知識と脱会させるためのテクニックが要るからです。浅見定雄氏が『統一協会＝原理運動』で、半分以上のページを割いて教理批判をし、また、川崎経子牧師が「原理の着物を脱ごう」と、統一教会信者を説得していることからも、それが分かります。浅見氏も「教えのことは……説得者に任せたほうがよい」と指導しているのです。

一方、「家族にしか救えない」ということで、親族らは話し合いの環境づくりと称して、信者をマンションなどに隔離しますが、その本当の目的は反対牧師に引き合わせ、統一教会信者を脱会説得することにあるのです。

山﨑浩子さんも、親族に対し「こんなの話し合いじゃない」（『愛が偽りに終わるとき』）と泣きわめいて抗議していますが、〝話し合い〟というのは建前であって、脱会を成功させるための作戦の一環にすぎません。

脱会させるのが目的なので、もし「こんな閉ざされた場所なんかで、反対牧師とは会いたくない」と拒めば、親族と無期限になり得る監禁生活が、延々と継続されることとなってしまいます。浩子さんの姉が、「一生でも二生でもつきあう。もう離婚覚悟で来てる」と言ってきたのは、そのような事情が背後にあってのことです。

また、浩子さんは、「原理講論の解説をしてくれと言われて、必死で説明しても、ほんの最初の三行でつまずいてしまう。どうして、うちの親族は、こうも物わかりの悪い人間たちなのだろう」（前掲書、185ページ）と嘆いていますが、これはほとんどのケースで用いられる作戦の一つであって、親族は、信者の考え方や統一原理を理解しようとする動機から講義を聞いているのではなく、初めから暗礁に乗り上げるよう教理論争のまねをし、最後には「やっぱり納得できない」と言って、牧師介入のチャンスを得るために、本人からの承諾を得ようと仕向けているだけなのです。

本当に「話し合い」ならば、自由な環境で行い、お互いの心が通じ合って完全に理解し合えるまで、徹底的に話し合うべきなのが常識的です。

ところが、やがて反対牧師（親族でない説得者）が介入すれば、浅見氏が「親は……あまり口を差し挟むべきではない」と指導しているように、親族は計画どおり、もっぱら

〝監視役〟に退いてしまうのです。

浅見氏は、『統一協会＝原理運動』で「本人が……分かってくれた（と私は信じた）のに、家へ帰ったあと再び統一協会へもどってしまったという痛恨の事例も幾つかある」（44ページ）と述べ、説得した信者が、その後も統一教会の信仰をもち続けるケースを「痛恨の事例」だと告白しています。

また、川崎牧師も「説得について二、三の注意」として、「（牧師と会わせる際に）絶対に妥協して期限を切ってはなりません。期限つき説得は、成功しません。期限を切った時に、すでに勝敗は決定的です。……裏を返せば『一週間我慢して自己防衛すれば……原理に帰ることができるのだよ』と、子どもを励ましていることになるのです」、「複数（2人）の説得者の利点は……A牧師の説明では不十分だったことを、B牧師の言葉によって補うことができるからです。……異なった目で見ることによって〝偽装脱会〟を見抜けることです」（『統一協会の素顔』１９１～１９３ページ）とし、信者が脱会を決意した後も、「落ち込み、ゆれ戻しは必ずやってきます。まだ安心はできません」（同１９５ページ）などと述べています。このように、牧師は「期限つき説得」を強く戒め、脱会に至るまで無期限の脱会説得をするよう指導しているのです。

その上で、念を押すように「ツメが甘くなっていませんか」（１９６～１９７ページ）

と強調しています。統一教会の信仰を〝根こそぎなくす〟ための指導を徹底させているのです。

これらの発言からも分かるように、反対派の眼中には、統一教会信者を「脱会させる」ことしかありません。信者の信仰を尊重する配慮などないのです。杉本牧師も「何日かかるかわからない説得」と語っているように、このような指導法によって、監禁期間も長期化するのです。

〝ツメ〟が甘いかどうか、あるいは〝勝敗〟を云々すること自体、それが尋常な話し合いの場ではなく、〝信仰（思想）の破壊工作〟の場であるとしか言いようがありません。川崎牧師は、「親は愛情をもって説得するように」と強調していますが、統一教会信者の脱会を徹底させるその姿勢は冷酷そのものです。

したがって、反対派の言う「話し合い」なるものを終えるには、〝脱会〟という選択肢しか与えられていないため、説得を受ける側の統一教会信者は、それこそ地獄の苦しみを味わうこととなります。

2、棄教目的の残忍なキリシタン迫害

40有余年、反対派の教唆によって、統一教会信者の脱会説得を目的とする数多くの拉致監禁事件が起こりました。

特に1997年は、富澤裕子さんの鳥取教会襲撃事件、今利理絵さんの路上拉致事件、また、夫と引き裂かれて監禁された女性信者（当時27歳）が監禁中に自殺を図って、翌日病院で死亡した京都の事件など、極めて異常な事例が続きました。

その1997年を遡《さかのぼ》ること、ちょうど400年の1597年2月、長崎26聖人の殉教事件が起こりました。それ以来、日本は長く厳しいキリシタン迫害時代に入っていきました。

この日本のキリシタン迫害について、キリシタン史研究家の片岡弥吉氏は、次のように述べています。

「世界史の中で、ローマ帝政時代300年のキリスト教迫害はもっともよく知られている。けれども、徳川幕府のキリシタン迫害には及ばない。ローマの迫害は皇帝によって寛厳があり、また迫害が中断されたこともあったし、教皇以下神父たちもいて祭儀も行われた。徳川幕府の250年に及ぶ迫害はやむことなく、その検索も緻密・厳重をきわめており、

神父も殉教しつくして、ひとりの聖職者もいない時代が7世代にわたる久しきに及んだ」（『探訪・大航海時代の日本―キリシタンの悲劇』小学館、36ページ）

日本におけるキリシタン迫害が他に類を見ないほどに厳しかった理由は、迫害者が信者に「殉教者の道」を選ぶことをさせず、棄教するまで監禁して拷問し続けるという方策を取ったためでした。

１６０７年に来日した宣教師オルファネルは、当時の日本の迫害状況を次のように報告しています。

「キリシタンを皆殺しにすることはやさしいことだったが、迫害者たちは、それより転ばせる（棄教させる）方法を選んだ。理由はキリシタンを皆殺しにしても彼らを自分の意に従わせえなかったという侮辱を受けたことになり、自分たちの負けになるからである。迫害者たちが望んだのは、己れの命令に（キリシタンを）従わせることだった」（前掲書、40ページ）

こうして迫害者は、棄教のために有効と思われるあらゆる手段をとったのです。拷問の方法も陰湿で、残酷なものが数多くありました。

文献から具体的に述べると、

①火あぶり――生身の人間を焼き殺す方法で、柱に縛り、苦しみを長引かせて転ぶ機会を与えるために、縛った縄も弱くし、薪は柱から離しておく。

②竹鋸《たけのこ》引き――キリシタンを街道わきの柱にくくり、首に刀傷をつけ、そばに竹鋸をおく。刑吏や通行人がこの竹鋸で首の傷あとを引き裂いていく。

③穴つり――深さ2メートル、直径1メートルほどの穴のそばにつり台を立て、信者をつり台から穴の中に逆つりする。内臓が逆転したり、頭に充血したりして早く死なないよう胴体を綱でぐるぐる巻きにし、耳のところに小さな穴を開けておく。中央を半円にくり抜いた板2枚を、腰に当てて蓋《ふた》にする。その苦痛を倍加させるために、穴の底に汚物を入れることもある。

④雲仙の地獄責め――雲仙の硫黄泉の噴出口に連れて行き、長い柄の柄杓《ひしゃく》で熱湯を汲み、その柄杓の底に開けられた小さな穴からしたたる滴《しずく》を、裸の肉体のいたるところに注ぐ。苦痛を長引かせるために、医師が焼けただれた傷に手当てを加え、小屋に入れて藁《わら》の上に休ませた。1日に1回、1椀の飯と鰯《いわし》1尾が食事として与えられ、拷問は幾日もつづいた。（参考：前掲書および岡田章雄編『日本の歴史10―キリシタン

の世紀』から）

以上のように、キリシタンを殉教させるのではなく、棄教目的のために監禁したうえ、さまざまなかたちで拷問したのです。中でも「穴つり」は残忍で、当時、来日していた反キリシタンのオランダ人でさえ、その陰湿な拷問方法を嫌悪したと言います。また、「雲仙の地獄責め」は、わざわざ拷問で受けた傷の手当てをし、食事を与え、体力が持ち直せば、再び拷問をする方法がとられました。棄教させるためには、まさに〝あめとムチ〟方式でキリシタンの心身をもてあそんだのです。

このように、日本のキリシタン迫害は、信者が信仰を棄てない限りは、監禁がいつまでも継続されたのです。

長い間迫害されたキリスト教が、今度は迫害する側に回り、肉体に対する拷問は基本的にはないにせよ、棄教目的の監禁をして、統一教会信者が信仰を棄てない限り、いつまでも監禁を継続する方法をとっているのです。一部のキリスト教牧師らが、親族と組んで信者を監禁し、棄教を目的に説得しているのは極めて問題であり、この信教の自由の侵害行為を〝親子の話し合い〟の名のもとで放置してきた日本社会は、後世から大きな断罪を受けることでしょう。

3、キリシタン迫害の流れを継承する反対牧師

日本のキリシタン迫害では、棄教させるために元信者を使って、キリシタンの心に揺さぶりをかける方法まで用いました。

天正遣欧使節（1582〜90）の殉教者・中浦ジュリアンとともに拷問を受けた宣教師フェレイラは棄教し、その名を沢野忠庵と改め、キリシタン目明かしとなって、幕府の禁教政策に協力しました。

元信者となった背教者フェレイラを題材とした遠藤周作著『沈黙』には、「お前ら（宣教師）の身勝手な夢のために、死ぬのは日本人たちだ」という役人側の批判が述べられています。キリスト教宣教師（伴天連《バテレン》）は、人々を幸せにするどころか、不幸にしているというのです。このような批判に、宣教師はどれほど心を痛めたことでしょうか。

拷問するときも、心理的な作戦として、一人ずつを拷問するのではなく、父母と息子・娘、宣教師と信者を一緒に拷問することを通して、親子の情、師弟の情などに揺さぶりをかけ、愛する者が苦しむ姿を見せて、「かわいそうだと思わないのか」と責め立てたのです。

この徹底して棄教を迫る迫害方法が、日本では何百年間も継承され、幕末から明治初期にかけては、「浦上四番崩れ」と呼ばれる大迫害が起こりました。

徳川幕府が鎖国を解いた7年後の１８６５年、長崎に大浦天主堂が建ちましたが、その時に、長く潜伏してきた多くのキリシタンたちが名乗りを上げました。これは世界宗教史の奇跡とさえ言われました。その２年後の１８６７年7月、幕府の捕り手が浦上に乗り込み、キリシタンを拉致したのです。

信者は拷問に屈して、一度は棄教を表明しますが、すぐに信仰を持ち直しました。そこで翌68年7月、信者は役所に呼び出され、福山、津和野などに流刑にされていったのです。彼らキリシタンは、住み慣れた家から別の場所に移され、そこで棄教を強要されたのでした。

浦上四番崩れについて、永井隆著『乙女峠』（中央出版社）には、次のように記述されています。

「毎日お寺の坊さんが来て説教をします。……説教を聞かせたら、まもなく改心するだろうと甘く見ていたのでしょう。信者は毎日おとなしく説教を聞いておりました。しかしいざ転宗をしいられると、だれひとり首をたてにうなずく者がありません。こうして半年ばかり過ぎました。

お寺の坊さんも説教の種がきれたのか、今度は神主の佐伯という人が説得にかかりました。……役人はいよいよ責め苦をひどく加え、説教を絶えずしました。転宗した者は山のふもとの法真庵という尼寺に移し、1日米5合、お菜代71文、ちり紙1枚を与えられ、日雇い稼ぎに出ようと、何の仕事をしようと全く自由でした。魂を売って、この世の楽を得たわけです。

光淋寺に残って毎日責め苦を受けながら、まだ転宗を申し出ない者のうちから、3人か4人ずつを法真庵の一室に移し、絶食同様の責め苦を与えながら、隣座敷の転宗者（元信者）たちが腹いっぱい食べ、働いて銭をもらうのを目のあたりに見せ、説教をしては、ただお上の言いつけに従って西洋の宗教を捨てさえすれば、その地獄から許されて、あのような極楽に移されるのだと誘惑しました」（34～37ページ）

こうしてキリシタンは、次々に捕縛され、鹿児島、広島、岡山、姫路、松江、鳥取、徳島、高松、松山、高知、和歌山、名古屋、金沢、富山など異郷に連れて行かれました。キリシタンは犬扱いを受け、1匹、2匹と数えられました。こうしてキリシタンは、見知らぬ土地で監禁され、来る日も来る日も棄教を迫られたのです。

住み慣れた家以外の場所に監禁し、脱会目的の説得を行う反対牧師らのやり方は、このキリシタン迫害の流れを、そのまま継承したものと言えます。その監禁場所を元信者らが訪ね、転宗しない信者に、どれほどの精神的苦痛を与えたことでしょう。

キリシタンが信仰のゆえに人間とみなされず、犬のような扱いを受けたように、統一教会信者も信仰のゆえに「マインド・コントロールされている」とののしられ、正常な人間とみなされない扱いを受けるのです。

なかには〝偽装脱会〟を試みる人もいます。それは信仰を棄てない限り監禁が継続されるため、その苦しい環境から逃れたいがためです。

キリシタンの場合、棄教した者は尼寺に移されて、そこで指導を受けながら社会復帰しますが、反対牧師たちもまた、脱会した元信者を自分の教会などに宿泊させ、リハビリと称する勉強会をさせ、カウンセリングと称する脱会説得の〝ツメ〟を行って、二度と統一教会へ戻ることがないようにと仕向けているのです。実に、用意周到です。

かつて迫害を受けたキリスト教が、今度は迫害する側に回り、親族らと組んで棄教目的の監禁をし、説得しているのです。

二、脱会説得を受けた信者の証言

1、富澤裕子さん――「病院には行かせない」

1997年6月7日の「鳥取教会襲撃事件」で拉致された富澤裕子さんは、その後、約1年3か月間監禁され、高澤守牧師から脱会強要を受けました。富澤さんの陳述書から抜粋し、監禁の実態の一端を紹介します。

（玄関ドアの）防犯チェーンのたるんだ部分が南京錠によって繋《つな》ぎ合わされ、南京錠を解錠しない限り防犯チェーンを外すことができず、（厳重に）施錠されていました。高澤牧師は私の親に対して「子供は命がけで信仰しているんだから親も命がけでやらないといけない」と言って親の決意を迫りました。（私が）黙っていると高澤牧師は私の背中を叩き、対話を強要しました。「文鮮明はヒトラーみたいだ」と批判し、私が米子市での監禁から脱出して以来3年間、牧師や親からの監禁を避けるため逃れていたことを非難しました。

7月初旬頃、神経性の胃痛が慢性的になり、ストレスのために自分はこれで気が狂ってしまうのではないかと思い、閉鎖された環境の中での生活に加えて、牧師達や両親の言動により、私は異常なまでの緊張感・切迫感と恐怖心とにさいなまされました。7月下旬、膀胱炎《ぼうこう》にかかってしまいました。下腹部や足の付け根のリンパ腺が痛くなり、胃痛もひどくなり食事が喉《のど》を通らなくなりました。膀胱炎のことを母に言ったところ、高澤牧師は、「病院なんか絶対に連れて行かせねえからな！　連れて行ったらあんたは絶対逃げる！」と断言しました。私は座るのも辛く、寝るときは腰も痛くなり、夜中もなかなか眠れませんでした。

8月中旬を過ぎた頃、棄教を表明しない限り、監禁場所からは絶対に出して貰《もら》えないと思いました。牧師は私に鍵の束を見せながら、「今、これだけマンションの鍵を持っている。何人監禁しているか？　今あんたを入れて7人だ！」。（まるで）監禁の実力を自慢して楽しんでいるかのようでした。75歳のおばあさん、25歳の男性信者、30代半ばの男性信者が（当時）監禁されている人として話題に上りました。

牧師の統一原理解釈は本来の解釈とはかけ離れた、非常に馬鹿馬鹿しいものでした。（私が）本来の正しい統一原理解釈を示すと、「何言ってるんだ、あんたは原理の意味がわかってない」と言って、自分なりの解釈を押しつけ、棄教、改宗を迫りました。

とうとう新年を迎えてしまい、この監禁がいつまで続くのかと本当に悩み苦しみました。私は毎日毎日、国際合同祝福結婚式で結ばれた崔さんのことを考えました。突然連絡をしなくなったので「とても心配しているだろう。監禁行為は本人だけでなく残された結婚相手の心までも深く傷つけている」と思いました。

長期間にわたる監禁状態の中で、10名近くの元信者等から繰り返し棄教の強要を受け、精神錯乱に陥ってしまい、棄教の表明をする以外、監禁生活から逃れることはできないと思いました。統一教会の信仰を完全に失ったものと認定されるまで、彼らの言いなりとなり続けなければ監禁場所から出してはもらえません。教会を襲われたことも、拉致、監禁されたことも、暴行、脅迫、誹謗中傷を受けたこともすべて忍耐し、自分のあらゆる感情を越えていかなければならない。私は悩み苦しみ続けました。……

（偽装脱会し）私は約1年ぶりの外出で、病院に行くときには外の光がとてもまぶしく、目が慣れるのにしばらく時間がかかりました。外を歩けることがこれほど貴重なことかと感じました。

教会で体重を量ると、普段47キログラムあった体重が41キログラムになっていました。このことから、マンションで一番体調が悪かった頃は30キログラム台であったと思います。信仰は自由であるにもかかわらず、統一教会の信仰をもったというだけの理由で（統一教会の）所属教会を襲撃され、棄教・改宗を強要されました。また監禁中、体調を崩したにもかかわらず、医師の診察をすぐには受けさせて貰えず、このような悪質な宗教迫害及び人権侵害を許すことができません。

2、今利理絵さん――親は反対牧師の言いなりに

次に、拉致監禁による脱会説得の実態について、約5か月間の監禁被害に遭った今利理絵さんの陳述書から抜粋します。


平成7年の夏前から、両親は密かに日本基督教団・戸塚教会で行われている統一教会信者を脱会させる為の勉強会に参加し、監禁し説得する為の準備を進めていました。

平成9年1月、暗闇から勢いよく人が走り寄り、数人の人に両腕両足を羽交い締めにされ、体を宙に持ち上げられ、ドアを開けて待ち構えているワンボックスカーの方へ強引に運ばれて行きました。私は車の手前で仰向けのまま地面に落ち、激しく揉み合うなか、車の中に連れ込まれました。

マンションに連れ込まれると、「これは人権侵害だ」と主張しましたが、父は「これは

親子の話し合いだ」と言い、私が「話し合いというのは、お互いに話し合おうといって時と場所を決めてするもの。さらってきて話し合いだなんて、自分勝手でしょう」と言うと、父は「(統一教会の)仲間がやって来るから家ではできない。遮断された環境でなければならないんだ」と譲りませんでした。両親は「理絵ちゃんの話が聞きたい」と、(統一原理を)講義させられる日々が続きました。

これも牧師の言う救出カウンセリングプログラムの一環で、(原理を)理解し尊重しようなどという気持ちはなく、両親や牧師が「こちらもこれだけ聞いたのだから、おまえもこちらの話を聞け!」と言える前提条件を取るために過ぎないものでした。両親はもう監禁をやめようかと思った時もあったそうですが(牧師から)分別・叱責され、監禁を続けたのだと話していました。

「家庭環境が悪くて宗教に走って、自分の頭で考えることも出来なくなっているから、閉ざされた場所での説得によりマインドコントロールを解き、脱会させせないといけない」という牧師の思想に洗脳され、言いなりになっている親と話し合うのは地獄の日々でした。

原理講義が最後まで終わると、父は、日本基督教団・統一原理問題連絡会の「これが素顔!」というパンフレットを持ち出し、私にコメントを求めるようになりました。このパンフレットは統一教会が如何に悪く恐ろしい所であるのかが書かれた、偏見に満ちたものでした。専門家に相談し救出しなければならないという結論になっていて、その為の相談窓口まで掲載されていました。

また、日本基督教団の声明文として「統一教会が消滅するまで活動することを声明する」と書かれていました。父は「家族の話し合い」と言いながら、はじめから大切にこのパンフレットを持っていて、切り出すタイミングを見計らっていたのです。

清水与志雄牧師は、被害弁連が出している書物や会報、統一教会批判の記事のコピーを、山のように持ってやって来ました。牧師の言う「検証」とは、統一教会を否定する内容の物が真実であるという話を聞き、（反論せずに）受け入れていくだけの事でした。

清水牧師は学生時代に統一教会信者だったということもあって、教理について全く知らない訳ではないのですが、相当ひねくれたとらえ方をしていて「だから統一原理は真理ではない」と、揚げ足を取りました。呆れるくらい屁理屈としか言えないことが多く、（しかし）ここから出ようと思ったら、信仰を棄てるしかありません。

資料は信憑《しんぴょう》性を別にして、これが真実だと思って読んだら、「私は騙《だま》された！」と怨みを持って（統一教会を）訴えて潰そうと企てるようになる程ひどい内容ばかりでした。これで教育された親が、拉致・監禁してまで脱会を迫るのも無理はない内容でした。私の精神的、肉体的疲労は限界をはるかに超えていました。私はついに死ぬ思いで屈辱を飲み込み、「私が間違っていた。申し訳ありませんでした」と涙ながらに告白しました。監禁現場で自殺した女性信者がいたと聞き、その気持ちが分かるように思います。実際、あの監禁と容赦のない責任追及により、私も発狂するのではないかと思いました。監禁の場では、強烈に揺さぶりを掛けながら自白を迫り、自己批判を迫ります。正に「魔女狩り」状態で、ここが現代の法治国家であり先進国の日本とは思えませんでした。

3、小林宗一郎氏——人権侵害を警察は見ぬふり

3度の監禁被害に遭った小林宗一郎氏の陳述書から抜粋します。

【1回目の監禁】　平成4年、両親（と親族）が真夜中に私を実家から拉致し、ウィークリーマンションに監禁しました。私は助けを求めようと思い、足で窓を蹴飛ばして割り、大声で「拉致監禁です。助けて下さい」と叫び、（やがて）複数のサイレンの音が聞こえ、銃を携行した機動隊員が2～3名部屋に入り、玄関口で父と話しました。その後、刑事部長が私に「統一教会問題は親子の問題だから騒がせるな！　お前が悪い」と言いました。監禁されている事情を説明しましたが、取り合ってもらえず、引き揚げていきました。

私は気が狂いそうな思いがし、機動隊員が帰ると再度叫び始めました。その後、管理人が部屋に来て「営業妨害になるから出ていってくれ」と言われ、これを聞いて両親も（やっと監禁を）諦《あきら》め、家に帰りました。

【3回目の監禁】　平成9年4月11日、道を歩いていると突然、四方から手足を掴《つか》まれて担ぎ上げられ、ワゴン車に押し込められました。車の窓はスモークがかけられ、開かないように固定されていました。

親族と見知らぬ男性に担がれ（マンション）に監禁されました。ドアは南京錠、ダイヤル式の鍵及びチェーンによって3重の鍵がしてあり、窓はセルロイドの特殊の板がはめ込まれていました。

私は脱出しようと暴れましたが、親族から殴られ、手は後ろ手に、両足も同じ様に包帯、ガムテープ、金属資材で縛られました。金属資材は動けば動くほどきつく締まり、資材が皮膚に直接喰い込んできました。両手は翌日まで、両足は3日間縛られ続けました。

（監禁された翌日の）4月12日、清水与志雄牧師が監禁場所に来ました。

7月、長期の監禁に抗議したい思いを抑えきれなくなり、窓を覆っていたセルロイド板を右足で思いっきり蹴りました。するとセルロイド板がたわんで窓ガラスに当たり、ひびが入りました。両親は激しく憤り、1時間ぐらいすると清水牧師がやってきて、私に対して説教し、両親に対しては、「暴れたら縛ったっていいんだよ」などとけしかけました。

8月、私は血尿が出るようになり、病院に行かせて欲しいと頼みました。2日後に清水牧師が監禁場所に来たとき、病院に連れて行くかどうかの話し合いが両親との間でなされました。牧師は「親戚の人数は揃っているのか？　監視ができるところがいい」などと、私の健康状態に関する話は全くせず、私が逃げ出すことを心配していました。

翌日、両親や清水牧師の監視付でようやく病院に行かせてもらうことができました。そこは、親戚が看護婦を勤める病院で、牧師が診察室に入ってきて私を監視しました。

9月18日、(隙《すき》をみて)逃げ出しました。しかし私は長期間の監禁のため速く走ることができず、父に追いつかれ、取り押さえられました。父は母に「牧師を呼んでくれ」と言い、そこに通行人から通報を受けたのか、パトカーが来ました。警官に、私が拉致監禁されていた事情を話している最中に、清水牧師がワゴン車で来ました。警官は清水牧師とも話し始めました。警官は話をする中で、「統一教会信者の親子の問題が頻繁に起こっているので、警察でも対策のため教理の本を読んでいる」と言いました。私は自分の人権が侵害されていることを訴えましたが、警官は「親に迷惑をかけるな」と言って、私を監禁場所に戻そうとしました。私は、警察が助けてくれないために、解放されるのを諦めて監禁場所に帰りました。

11月10日頃、牧師は統一教会に関する批判話も尽きたらしく、「そろそろどうなんだ」と聞いてきました。私は、監禁状態が余りにも厳しく、自力ではもはや脱出できないものと断念していたことから、意に反して「やめようと思っています」と力無く答えました。11月14日、牧師が帰った後、脱会表明をしたからか、玄関ドアの施錠をしませんでした。私は親が見ていない隙に逃げ出しました。こうして7か月間にわたる（3度目の）監禁からようやく解放されました。

私は、親がこれほどまで清水牧師の言いなりになっていたのかと衝撃を受けました。

4、寺田こずえさん——愛する夫と引き裂かれて

愛する夫と引き裂かれて監禁された寺田こずえさんの陳述書から抜粋します。

２００１年10月、父から韓国に電話があり「実家に帰ってきてほしい」と言われ、22日に帰国する旨を伝えました。後で分かったことですが、私が実家に帰ることを両親に伝えた後、母は高澤守牧師に電話を入れ、拉致監禁が行われることになったのでした。

私は、10月29日、大阪市内のマンションに監禁されました。同日午後2時頃、牧師が来

ました。私は「こういうやり方はおかしい。これは監禁です」と言いました。牧師は「親にこんなことをさせたのはあなたでしょ。私は頼まれて来ているだけです」と答えました。牧師は、11月下旬頃まで、ほぼ毎日来て、11月下旬から12月27日の間は、2〜3日に1度、来て脱会を強要しました。私はほぼ毎晩、悪夢にうなされました。

私は牧師に「警察に電話します。携帯電話を貸してほしい」と頼みました。牧師は「どうせ警察が来ても（私に）協力してくれる。逃げようとした信者がいたが、『原理のことだ』と警察に説明したら、警察が協力してくれ、部屋の中まで信者を連れてきてくれた」と言いました。牧師は、警察の名刺を5〜6枚、財布から出し始め、「警察の人ともよくお付き合いしているんです」と言い、結局、私は警察に連絡することを断念しました。牧師は統一教会の機関誌を私に見せ、声を出して読むよう強要しました。私は監禁されている身であり、抵抗しても監禁が長引くので、やむなく声を出して読みました。牧師は聞きたくもない教理批判を行いました。

父は「一生ここで暮らすしかない」と言いました。私は発狂してしまいそうな精神状態になり、手首を切れば病院に運ばれると考えました。しかし、（死ねば）夫が苦しむと思い、何とか自殺を思いとどまりました。

12月13日、玄関ドアの牛乳受けのすき間から救出要請のメモ書きを外に出しました。19

日午後、警官が同室の玄関前に来ました。私は「助けてください、監禁されています」と叫び、警官も「開けないとドアをぶち破るぞ」と怒鳴りました。父と母は私の口を塞ぎ、警官はこの様子を牛乳受けの穴から見ていましたが、母は下駄箱をずらし、牛乳受けの穴を塞ぎました。私は、「助けてください。不当監禁されています。夫もいます、連絡もできません」と叫び続けました。母は牧師に電話し「警察が来ています」と報告し、指示を仰いでいました。電話後、母は玄関ドアまで行き、外の警官に対し「この子は統一教会に入っていて、牧師さんが1時間後に来ます」と言いました。すると、警官は下に降りて行きました。やがて牧師が来ました。その後、警官と牧師は警察署に行き、1時間ほどすると牧師が1人で帰ってきました。牧師は、「もしこれ（監禁）が悪いことだったら警察の人はあなたを（ここから出して）連れて行くでしょ。でも警察に行って話をしたら『分かりました』と言って、私だけこうして帰ってきた」と言い、私は「もうノイローゼになりそうです」と大声で叫びました。私は警察の人は救出してくれないものと失望しました。

12月26日、夫の鍾斗さんが私を救出するために（韓国から）来ました。夫は警察署を4軒回り、4軒目に（やっと私を知る）警察署に（たどり着いた）そうです。（警察が）母を呼び寄せ、（母は）夫を連れて戻って来ました。私は夫の姿に、最初は幻を見ているような気がし、私たちは抱き合い、しばらくは離れることができずにいました。（しばらくして）玄関ドアを見ると、すでにチェーンと2種類の南京錠によって、いつもの厳重な施錠が施されていました。夫は憤り、「私は妻を連れてここを出ていきます。もし出られないようにしたら、弁護士を通して法的処置をします」と言いました。（部屋に駆けつけた）高澤牧師らは何も言えなくなって、私たちは手をつないで玄関に向かい、脱出することができました。

私も夫も、日本政府がどうしてこれほどの犯罪を取り締まらないのか、本当に信じられない思いがします。監禁を平然と繰り返している者たちが断罪されないようならば、（監禁され）自殺した女性信者の霊も浮かばれません。

5、美津子・アントールさん――親族・牧師・弁護士らが連携

2度の被害に遭った美津子・アントールさんの陳述書から抜粋します。

【1回目の監禁】　1996年5月20日　運転免許センターに手続きに行ったところ、職員に救護室に連れて行かれました。そこに両親が待機しており、ドアを閉め、鍵も閉めました。親族から前後左右を固められ（て連行され……）、駐車場にはワゴン車があり、兄

が運転席に座っていました。（他の）２台の車に親戚達が分乗し、無線で連絡をとりながら出発し……、私は男性の親族に囲まれ、……（マンションに監禁されました。）

６月19日、（日本基督教団の）愛澤（豊重）牧師がマンションに来ました。５回目に来たときに、堕落論の批判をし、間違いが分かった振りをしないと解放されないと思い、涙を流しながら「間違いが分かりました」と言いました。愛澤牧師は「統一教会に献金した額を全部話しなさい。取り戻せるように弁護士を通して手続きをしていこう」と言いました。

牧師が帰ってから、おばが、「川崎経子牧師のところに行ったらいい」と言ってきました。川崎牧師は脱会を表明した信者のための施設を持っており、この施設で統一教会の間違いを整理するのだそうで、「リハビリ」と言っていました。

７月７日、マンションを出ました。玄関にかけてあったチェーンと南京錠は、父が「次に入る人のために置いていこう」と言って、そのままにし、川崎経子牧師の教会に連れて行かれ、……（10日未明、すきをみて逃げました。）

【２回目の監禁】　98年５月16日、両親が突然、部屋の中に入ってきました。５分ほどすると、……（親戚も来て、アパートに監禁されました。）

５月21日、清水与志雄牧師が来ました。牧師は、「逃げないためにもこれが一番いい方法だ」と言いました。牧師は、「統一教会は社会悪だ。責任をとるために一生入っていろ」と怒鳴りました。自分にはすでに祝福で結ばれた主体者がおり、独房にだけは入れてほしくないという思いが湧き、実際に悪いことをして、正当な手続きを通して独房に入れられるのならまだ納得できるけれども、単に統一教会に入っているというだけで「独房に入れ」という態度には憤りを感じました。

5月22日　私は、（ずっと）反発していても監禁場所から出られないと思い、（ついに）牧師に従順に従うふりをしました。

5月25日、清水牧師は（日本基督教団の）西井という反対牧師を連れてきて、4日間、西井牧師は毎日やってきて統一原理批判をしました。

5月下旬、よく悪夢を見ていたことから、清水牧師が、高橋紳吾著『きつねつきの科学』という本を置いていきました。この本には、「人間はかんたんに改造される」という題名の箇所があり、中国共産党の捕虜になった米兵が洗脳され、解放されたときには共産主義者になったことが書かれていました。人の思想は簡単に変えられると書いてありましたが、反対牧師が行っている（脱会説得行為は）、洗脳による強制改宗なのだと強く感じました。

7月5日、清水牧師が（『六マリアの悲劇』などを読んだ）感想はどうだったのかと聞いてきました。私は「私には関係ないと思います」と言いました。牧師は急に怒り始め、

「お前は一生独房に入っていろ。マインドコントロールが解けていない」と言ってきました。

7月8日、（私が祝福を受けていたのを知った牧師は）「今までずっと黙っていて」と怒鳴り、「脱会届けを出せ。祝福も破棄の文書を書け」と言いました。しばらく「書け」「いやだ」という言い合いが続きました。牧師は「お前なんか結婚する資格がない」と言い、私は（そのために）精神的ダメージを受けて、この後しばらく（の期間は）、清水牧師が何を言っても「死ね、死ね、死ね」と言っているようにしか聞こえなくなり、自殺したい衝動にかられ、トイレにカッターナイフを持って駆け込み、気がついてみたら手のひらの小指の下の部分を切りつけていました。（しかし）神が自殺を最も悲しまれるということを思い、自殺には至りませんでした。

7月26日、窓から雨どいのパイプ伝いに降りようとパイプにつかまったところ、パイプが折れ、私は地面に落下して手をひねり、唇をかんで切って血が出ました。それでも、（再び監禁されないために）全力で逃げました。

第四章

〝血分け〟の誹謗中傷

一、証拠なくデッチ上げた卓明煥氏

さて、反対派が脱会説得の際に用いる統一教会中傷の一つに、いわゆる〝血分け〟があります。統一教会では〝血分け〟を実践しているというのです。その批判内容は、時とともに微妙に変化してきました。

１９７５年に出版された山口浩著『原理運動の素顔』には、次のようにあります。

「〝血分け〟の方法は、といえば、教祖に献血してもらうのではない。ヤクザの義兄弟の契りのように血をすすり合うのでもない。教祖サマにセックスをしてもらうことによって〝血分け〟を行なうのである。従って、教祖サマからの血分けは、女性しかできない。その女性から今度は男性が分けてもらう、というように、男↓女↓男と互いちがいに行なうのだ。

しかも、女性から男性が分けてもらう時は、女性が上になり、またがって行う法、下世話にいえば〝騎乗位〟でおこなうんだそうな。有難い儀式だから、あくまでもおごそかに、決してみだりに〝ああ、イイ〟なんていってはいけないそうである（とは憶測である）。しかも、立会人がいる場合もあるというから、決して快楽だけが伴うものでもなさそうである」（１４４ページ）

ジャーナリストの山口浩氏の説明によれば、統一教会では〝セックスリレー〟を実践していると言うのですが、これは事実無根です。拉致監禁され、反対牧師の説得で脱会した元信者の中でそのような経験者は一人もいません（いくつかの霊的集団、例えば禹明植集団などは、禹氏が複数の女性との間で子女をもうけているようですが、それらの集団は、〝絶対純潔〟を説く統一教会とは無関係です）。

長年、脱会説得をする中で、〝セックスリレー〟の経験者が一人もいないことから、反対派の批判は微妙に変化していきました。現在はやっていないが、古い幹部はしていたと言うのです。しかし、７７７家庭や１８００家庭などの古参信者の中にも、そのような経験者がいないと見るや、いつしか韓国の古い幹部の36家庭だけが〝血分け〟を実践していたという批判に変化します。

例えば、１９９０年4月20日に出版された川崎経子著『統一協会の素顔』には、「最初の３組と33組は、実際に文鮮明の血分けを受けたと指摘されている」（２３５ページ）となっています。山口浩氏の批判書から15年後に出版された川崎牧師の著書になると、それが「36家庭だけ」となっており、統一教会全体が〝血分け〟をしているという批判は消えているのです。

1993年10月27日、某テレビ局のワイドショーに36家庭の元信者や〝血分け〟の中傷の草分け的存在である卓明煥氏らが出演しました。その番組は、朴正華著『六マリアの悲劇』（恒友出版）の出版を取り上げたものでした。

そのとき、ワイドショーの司会者の「文教祖との間で血分けはあったのか」との質問を受けて、36家庭の元信者が「自分たちには〝血分け〟はなかった」と否定したのです。それればかりでなく、長い間〝血分け〟の中傷をしてきた卓氏自身も、「統一教会は教理的にはセックス教理だが、今まで実際には証拠がなかった」と発言したのでした。

つまり、反対派の「36家庭までは血分けをした」という批判には、何の根拠もないのです（最近では「3家庭だけ」と批判する反対派もいますが、これも事実無根です）。何の根拠もなく批判し続けてきたという事実は、驚くべきことです。

最大の問題は、卓氏の無責任さです。同番組に出演した朴正華氏は後に、『私は裏切り者』（世界日報）で、次のように述べています（朴氏は〝祝福〟を受けられなかったなどの恨みから『六マリアの悲劇』を出版し、反対派の〝血分け〟の中傷の一翼を担いますが、その後、悔い改め、『私は裏切り者』を出版しました)。

「テレビでは、『血分け』の話が出てきたので、三十六家庭の劉孝敏氏に注目が移り、劉氏の妻が文氏とセックスをして『血分け』をしたのか、という質問が出た時は緊張した。もし、劉氏がこれを認めれば、『血分け』があったことが立証されることになる。有田(芳生)氏や中村(敦夫)氏が言う通り、多くの批判書に書いていることが事実と裏付けられるのである。しかし、大方の期待を裏切って、劉氏は『血分け』を否定した。自分たちが祝福を受けたとき、文先生との『血分け』はなかったといったのである。

ただ、その時、先生が、ほんとうは自分がセックスして復帰するのが本当だが、いろいろ仕事があってできないから、自分たちでやりなさいと言った、とデタラメ話を作ってごまかしたのである。

これは、作り話である。なぜなら、後で劉氏が、『日本のテレビがあんまりいろいろ言うから、せめてあの位は言わなくては。作り話だよ』と言ったからである」(223〜224ページ)

「卓氏が、何の証拠もないまま今まで20年以上も、よく統一教会を『淫行教団』だと糾弾し続けてきた、という余りのデタラメぶりに驚きあきれた。

結局、反対派グループの実態はそんなものである。だれかがああ言った、こう言ったと言って、それを既成事実にデッチ上げてしまう。……（私も）同罪であるから言えた義理ではないが、みんなが『統一教会はセックス教団』と合唱し、そのレッテルはりを一生懸命やっていたのである。

だから、普通に考えれば、証拠もなしになぜ20年も反対していたのか、と質問するものだが、まともな学者やジャーナリストなど一人もいない番組ではだれもそうはしなかった」

（224～225ページ）

実は、拉致監禁による脱会説得の手法を生み出した森山諭牧師の〝血分け〟のニュースソースが、この卓明煥氏なのです。

森山諭著『現代日本におけるキリスト教の異端』（以後、『……異端』という）には、〝血分け〟が断定的に述べられていますが、その情報の根拠が明示されていません。しかし、1974年10月12日号「キリスト新聞」を読むと、森山牧師の〝血分け〟の情報提供者が卓氏であることが分かります。結局、森山牧師は、何の証拠もないまま統一教会は〝血分け〟をしているという卓氏の発言をうのみにし、まるで自分が見てきたかのように書いていたのです。実に無責任です。

名誉毀損にも当たりかねない情報を書く場合、その情報が事実かどうかの裏付けを取り、極めて慎重に記載すべきです。ところが、卓氏自身が「証拠はなかった」と平然と言ってのけているのです。そのような事情を知らないまま、森山牧師の『……異端』を読むと、統一教会は〝血分け〟をやっているという動かし難い証拠があるという印象を受けてしまいます。

日本の統一教会批判書の草分けとしての『……異端』の無責任な発言によって、どれほど多くの人々が統一教会を誤解し、また憎み続けてきたことでしょうか。

文師は、言われなきことを言われながら誤解されてきたのです。統一教会問題の本当の犠牲者は、実際のところ、事実無根の内容で誹謗中傷され続けておられる文師自身であると言えます。無責任な批判を、数十年間以上も行ってきたのは、犯罪的とも言えます。反対派は、これらの言動の責任を、どう取るつもりでしょうか。

このようにして始まった反対牧師による〝血分け〟の中傷を聞かされることで、数多くの信者が、自分では目撃したことも、体験したこともないにもかかわらず、その批判に踊らされて脱会に追い込まれたのです。

二、〝血分け〟の中傷のルーツ

山崎浩子さんが反対牧師から説得を受けて脱会したころ、元信者がテレビに出演し、それに追随するかのように、反統一教会ジャーナリストや反対牧師も一緒になって〝血分け〟キャンペーンをしました。

元信者の誰一人として体験者や目撃者がいないのに、どうしてそこまで断言できるのでしょうか。すでに90冊を超える統一教会批判書が出版されていますが、その批判書の多くに〝血分け〟の中傷が書かれています。「嘘も百回繰り返せば真実になる」で、中傷が繰り返されるうちに、元信者はそれを信じ込まさせられたのだと言えます。まさに洗脳です。

批判書に書かれた〝血分け〟の情報がどこから出てきたものであるかをそれぞれの本を読み比べて情報の源流を調べると、結局、〝血分け〟の中傷のルーツは、韓国で出版された金景来著『社会悪と邪教運動』（著作日付１９５７年7月15日）という一冊の本であることが分かります。

この書は、日本語に翻訳されて、『原理運動の秘事』という書名で、１９６７年12月20

日、韓国書籍センターから出版されました。

金景来著『社会悪と邪教運動』は、もともと朴泰善牧師の率いるオリーブの木教会（伝道館）を批判した書籍であり、統一教会に触れた部分は1割にも満ちません。その翻訳本を出版するときに、わざわざ『原理運動の秘事』という書名にすること自体、非常識です。おそらく、翻訳者や出版社に「統一教会を批判しよう」との意図があってのことでしょう。

この金景来氏の著作のあり方や、その出版姿勢に対しては、反対派の中からも問題点が指摘されています。

例えば、日本共産党機関紙「赤旗」の元記者、萩原遼著『淫教のメシア・文鮮明伝』（晩聲社）には次のように書かれています。

「この金景来氏の著書は、血分け教にたいする批判に急なあまり、金百文のいっていないことを勝手につけ加えたり、筆者の金景来氏のことばを金百文のことばとして引用符でくくったりする文筆家の守るべき初歩的なルールに反した部分が少なくない」（96〜97ページ）

金景来氏が著作した1957年前後は、1955年5月11日、梨花女子大学の教授や学生の10数名が統一教会の信仰をめぐって退学処分を受ける、いわゆる「梨花女子大学事件」が起こり（「韓国日報」同年5月23日付、「東亜日報」同年5月17日付、「ソウル新聞」同年5月15日付）、やがて、同年7月4日に、さまざまな憶測が飛びかうなか、文師と統一教会幹部4名が「兵役法違反および不法監禁等の嫌疑」で治安当局に拘束されるという事件が起こりました。巷では、統一教会は〝淫乱宗教〟であるという風聞が流されていたのです（「京郷新聞」同年7月6日付、「平和新聞」同年7月30日付）。

金景来氏は、そのときの風聞（文師には姦通の疑いがあるのではないかなど）を基に、統一教会の部分を著述したと言えるでしょう。

しかし、文師はソウル地検にて「兵役法違反」の嫌疑で取り調べを受けますが、〝姦通嫌疑〟に対する告訴自体、なかったのです。そして兵役法違反についても、同年10月4日、ソウル地方院で「無罪」を言い渡され（資料、「平和新聞」同年9月21日付、「京郷新聞」1955年10月5日付）、身の潔白が証明されているのです。

そのような歴然とした事実があるにもかかわらず、どうして〝血分け〟の中傷が相変わらず続けられていったのでしょうか？ それは、反対派の人々に、何としてでも「文師を貶《おとし》めよう」とする動機があったからに他なりません。

当時の新聞を読めば、文師が拘束されたのは〝兵役法違反〟の問題であったのが分かります。また、韓国の法廷記録の正式コピー文書（１９７４年7月1日付）にも、「Violation of Military Draft Law」と明記されており、それが兵役法違反であったことが明確です（『OUR RESPONSE』、２５３ページ）。

この〝血分け〟の中傷のルーツを探っていくと、結局、その源流は、単なる風聞でしかないことが分かるのです。

三、元赤旗記者の萩原遼氏の著書について

反対牧師が、よく脱会説得に用いる書籍に、萩原遼著『淫教のメシア・文鮮明伝』（晩聲社）があります。反対牧師は、この書を根拠に〝血分け〟の中傷をしてきました。

例えば、「教団新報」1986年4月26日号に、川崎経子牧師が信者を脱会説得するとき、それを読ませて動揺させたとあります。同様の記事が「教団新報」1987年4月4日号の第2面、同1987年11月7日号の第1面にも記載されています。

また、小出浩久氏の証言によると、「松永牧師自身は……共産党機関紙『赤旗』の元記者が書いた『淫教のメシア・文鮮明伝』（晩聲社刊）などに書かれていることを根拠に、文鮮明師に対する罵詈雑言《ばりぞうごん》の限りを尽してきた」（『人さらいからの脱出』光言社、49ページ）と言います。反対牧師たちは、この萩原遼氏の著書を利用（悪用?）しながら、統一教会信者を脱会させるための説得を行ってきたのです。

では、萩原氏は何をもって〝血分け〟があると言うのでしょうか?

1、鄭鎮弘氏の〝推論〟に基づいた論文

萩原氏は、まず韓国神学研究所の研究誌「神学思想」75年秋号掲載の鄭鎮弘氏の論文「宗教祭儀の象徴機能」をその根拠とします。萩原氏は、次のように述べています。

「血分けは、統一協会発祥の日より今日まで25年にわたって連綿とうけつがれてきたのだ。その事実がわかったのは、ソウルから筆者の手もとに届いた一冊の学術雑誌からだった」（10ページ）

「240ページにおよぶ朝鮮語の学術誌を読みすすめるなかで、『宗教祭儀の象徴機能』の論文にきて、筆者はおどろきから声をあげそうになった。……集団結婚式こそ血分けの儀式にほかならないとはっきりと書かれているのである」（16ページ）

萩原氏は、鄭鎮弘氏の論文をベースにして、統一教会では〝血分け〟をやっているという著述を進めています。

では、果たして萩原氏がいうように、この論文が、〝血分け〟をしているという明確な証拠を提供しているのでしょうか？　実は、この萩原氏の発言には、「虚偽」が含まれて

いるのです。

萩原氏は『淫教のメシア・文鮮明伝』の資料篇に、〝その証拠〟とする鄭氏の論文を翻訳して、収録しています（144～166ページ）。それを読むと、鄭氏自身は、「聖婚」や「祭儀的両性具有化」という観点から推論してみるときに、「少なくとも一定の段階まででは（例えば三子女聖婚式や三十三組聖婚式までは）そうした『儀礼的性交』がおこなわれたであろうという可能性を完全に排除できない」（160ページ）、「『血分け』の現実性が推測される……」（164ページ）と述べているにすぎないのです。つまり、鄭氏は「『儀礼的性交』がおこなわれたであろうという可能性を完全に排除できない」と推論しているにすぎず、具体的証拠は全くないのです。

ところが、萩原氏はそこから一気に飛躍して、血分けの事実が「はっきりと書かれている」というのです。これは捏造《ねつぞう》とも言える行為です。

しかも、この鄭氏の〝推論〟に基づいた論文自体が学問的には全く成り立たない内容であるという点について、末吉重人氏がその著書『統一教会批判へのワンポイント反論』（広和）において論じています（157～174ページ）。

2、元信者の筆記ノート

次に、萩原氏は、「朝日ジャーナル」1978年10月6日号記載の和賀真也牧師の文章を証拠にします（30ページ）。

この和賀牧師のニュースソースは元信者の筆記ノートです。そこには、萩原氏が期待する「文師と肉体関係を待たなければならない」という内容は一切なく、何ら証拠になっていません。しかもそれは、萩原氏が問題にしたがっている〝血分け〟に関するものではなく、あくまでも〝夫婦間だけ〟で行われる「三日行事」について、ある元信者がノートに書きまとめたものと思われるものです。これも、〝血分け〟の証拠には何らなっていません。

ところで、和賀牧師は、その著書『統一協会と文鮮明』（新教出版社）に、夫婦間だけで行う「三日行事」に関する質疑応答と思われる内容に、卑猥《ひわい》な表現と補足を勝手に書き加えて掲載しています（292〜296ページ）。

また、川崎経子牧師は、「初夜の一つ一つの動作まで詳細な規定があるようだが、それが真実であるとすれば、とてもイヤラしくて、私にはそれを書く勇気がない」（『原理に入った若者たち』―救出は早いほどいい』42ページ）と述べています。萩原氏自身もその著書で、この三日行事を「醜悪な儀式」(29ページ)と決めつけます。

しかし、夫婦の性生活について述べることが果たしてイヤラしいことでしょうか。一般キリスト教でも信徒の指導として、テオドール・ボヴェー著『真実なる結婚』(ヨルダン社)、同著『性と愛の発見』(YMCA出版)、H・P・ダン著『愛と性と結婚生活』(サンパウロ)など、夫婦の性生活を具体的に指導した書籍が数多く出版されています。

3、名誉毀損《きそん》となった元信者の証言

また、萩原氏は〝血分け〟に関する内部告発があったとして、金明熙氏(男性の元信者)の発言を証拠とします(34~40ページ)。しかし、金氏はこの件で、韓国の裁判によって「名誉毀損」などの罪で、1年6か月の実刑に処されている人物です。萩原氏はその事実を知っていながら、あえてそれを証拠としているのです。

しかも、著書のあとがきの末尾に〈補遺〉として、小さな文字で「告訴人金明熙氏は、告訴状提出後、統一協会より名誉毀損で逆告訴され、敗訴し姿を消したといわれる。韓国中央情報部(KCIA)が背後にある統一協会を訴えることの困難さをあらためて示したと言える。だが、この『敗訴』がそのまま金氏の主張を無効とするものでないことはいうまでもない。……金氏の告訴も、韓国の民主化の進展とあいまって、もう一度問い直される日がくると思う」（193ページ）と平然と言ってのけます。さすが、元赤旗記者と言わざるを得ない悪意に満ちた記述です。韓国の大法院が〝虚偽の判決〟をしたと言わんばかりの問題発言で、韓国の法廷への侮辱と言うべきものです。

結局、萩原氏が〝血分け〟の証拠として取り上げた、元信者・金氏の発言自体も、何ら証拠になっていないのです。なお、金氏の裁判については、「ファミリー」1993年7月号（96ページ）に、その経緯が述べられています。

4、卓明煥氏の証言

さらに、萩原氏は〝血分け〟の証拠として、「韓国の研究者による研究成果によってあとづけてみよう」（前掲書、44ページ）と述べ、森山諭牧師の著書と同様に、卓明煥氏の証言を盛り込みながら、独自の論述をしています。

この卓明煥氏の〝血分け〟の中傷が事実に反し、何の根拠もないことを統一教会側が追及した際に、卓氏は1978年9月、統一教会への「謝罪文」を発表しています。萩原氏はそのことを知っており、そのためか個別の名前を明記せず、あえて「韓国の研究者」とあいまいに表現しています。また、巻末の〈補遺〉では「卓明煥氏が、その後、『あれはおどされて書いたものだ』とそのいきさつを公表し、反撃に転じた」（193ページ）と述べ、卓氏を擁護しているのです。

しかし、1993年10月27日放送の某テレビ局のワイドショーで、卓明煥氏自らが「今まで証拠がなかった」と真相を暴露したのですから、その情報をいくら書き綴ったところで、何ら証拠にはなりません。

5、金景来著『原理運動の秘事』

さらに、萩原氏は事もあろうに、萩原氏自らが「批判に急なあまり……文筆家の守るべき初歩的なルールに反した部分が少なくない」と批評している金景来著『原理運動の秘事』をその証拠として挙げているのです。自ら〝問題あり〟とする書から、わざわざ引用している萩原氏自身にこそ、問題ありと言うべきです。

しかも萩原氏は、金景来氏の著書を引用しながら、そこで改竄《かいざん》とも言える行為をしているのです。萩原氏は、「(文師は平壌で）広海教会という名称の教会を建て、その中心に納まった」（64ページ）と書いていますが、金氏の著書には、「文師が広海教会の中心に納まった」とは、どこにも書いていないのです。

金景来氏の著書には、「彼ら（李龍道牧師、黄国柱牧師の弟子）は広海教会という看板を掲げ、昼夜となく集まっては手を叩きながら賛美歌を歌うのであった。李、黄の両人が分裂して引退した後、つまり八・一五解放を前後した時期にこの集団に一人の青年が登場したが、それが文鮮明であった。文は、その当時、国内で一流に属する富豪朴某氏の姑と、いわゆる彼らのいう清潔な性交をすることによって混淫派の上座につくようになった。ここで、彼らの元祖である李、黄と文鮮明の中間には当然無名の混淫派一〇人余りが介在したとみるべきである」（『原理運動の秘事』43ページ）とあるだけです。

つまり、そこに書かれていることは、萩原氏が言うような、文師が「広海教会という名称の教会を建て、その中心に納まった」のではなく、広海教会の信徒が、李牧師、黄牧師の分裂後に、断定することはできないにしても、文師のもとに幾人かが集まってきたと推測される、としか読めない文章です。

萩原氏は、特定の意図に合わせるために、著者の言っていないことまでも、そこに読み込んで曲解しており、それこそ「文筆家の守るべき初歩的なルールに反した」ことを自ら行っているのです。

しかも、李龍道牧師と黄国柱牧師は共に活動したことがない別の集団であるにもかかわらず（閔庚培著『韓国キリスト教史』日本基督教団出版局、１３２〜１３６ページ、および同著『韓国キリスト教会史』新教出版社、３４２ページ）、金景来氏は、李牧師と黄牧師が一緒に活動していたかのように書いており、金氏の著述自体の信憑性を問うてしかるべきなのです。そのような事実関係を確かめずに引用する萩原氏の著作も、「血分け教にたいする批判に急なあまり、金景来のいっていないことを勝手につけ加えたり……文筆家の守るべき初歩的なルールに反した部分が少なくない」類のものであると言えます。

ちなみに、萩原氏は、統一教会に〝血分け〟があったことの傍証として、張愛三というクリスチャン女性の証言を挙げています（69ページ）が、これも疑問符のつく金景来氏の著書からの引用です。しかも、その証言の使われ方が、金氏サイドにも、萩原氏サイドにも問題があり、二重、三重の疑問符を付さなければならないものとなっています。

その張愛三の証言の問題点について、末吉重人著『統一教会批判へのワンポイント反論』（広和）は、次のように指摘しています。

「これも金景来氏の著書からの引用ですが、萩原氏は統一教会にいわゆる『血分け』があったという傍証に、張愛三というクリスチャン女性の証言を挙げています。張女史は牧師夫人であったとされますが、金景来氏の『原理運動の秘事』によると、張女史は１９５７

年3月18日付け「世界日報」（注、現在の「世界日報」とは異なる別の新聞）に自らの罪の告白を掲載しました。その中で張女史は、自分が牧師夫人でありながらいわゆる『血分け』を受けたとしたのでした。ところが、この告白文の中で張女史が批判しているのは、当時、教勢を拡大し、かつ多くの批判も受けていた朴泰善牧師（の集団）に外なりません。文師については、風聞に基づいての間接的批判しか展開していないのです。

つまり張女史は直接的には、朴泰善牧師との間でイザコザが生じたのに、これを萩原氏は統一教会との問題であったことに〝すり替え〟ようとしているのです。金景来氏によると、それは張女史の夫の経営する孤児院への寄付問題であったとされます（『原理運動の秘事』28～38ページ）。

金景来氏はこの部分の書き出しで、張女史が統一教会の李泰允牧師と霊体を交換したことを、張女史の夫である白英基牧師が聞いたことから始めていますが、もしもこの李泰允牧師が統一教会の人物であったなら、白牧師は統一教会と争うはずなのに、この後に続く文章は白牧師が朴泰善牧師と利害関係が対立したとの説明になっているのです。

したがって張女史と霊体を交換したとされる李泰允牧師は、朴泰善牧師側の人物でなければつじつまが合わなくなります。ここにも金景来氏の記述の信憑性のなさが伺われるのです」（181～182ページ）

ちなみに、この牧師夫人の〝血分け〟告白の件について、森山牧師の『……異端』は、情報の出所を明確にしないで、文師と牧師夫人が〝血分け〟をしていたとして、「韓国でこの運動が問題化したのは、文氏がある牧師夫人と血分け行為中、主人に発見されました。主人は牧師の立場上、苦しみながらも不問に付しましたが、その夫人は良心の呵責に耐えかね、公けの席上でそれを告白したことから、世論のひんしゅくを受け、マスコミを沸かしました」（114ページ）と書いています。

この情報は、内容から見て、張女史の告白が他の風聞と混ざり合って、かたちを変えたものと思われます。森山牧師は、すでに文師との間で〝血分け〟があったとしており、風聞は人から人へ伝わるうちに〝変貌を遂げる〟恐ろしさを感じさせます。

以上のように、改めて検証してみると、萩原氏が証拠として挙げているものは、すべて証拠になっていません。これでは、萩原氏の論述すべてが〝捏造《ねつぞう》〟と疑われても仕方ありません。

6、萩原氏の驚くべき事実誤認

萩原氏の著書にはさらに驚くべき〝事実誤認〟があります。実は、萩原氏は、文師が李龍道牧師から直接〝血分け〟を教わったかのように書いているのですが、李牧師は、文師が故郷・定州におられた13歳の時、すでに客死しており、二人は直接会ったことはありません。それにもかかわらず、萩原氏は次のように書いているのです。

「文は混淫・血分けという醜悪な教義とその実技を学んで目を開かれた。……一九四六年六月六日、またも〝神の啓示〟で文は北朝鮮の平壌に行く。平壌は当時、混淫・血分けの本拠であり、李龍道や黄国柱というこの道では知られた〝教祖〟たちがいた」（52ページ）

「この李龍道の集会では『汎性欲主義的な原理を集会のたびごとにひそかに教えた』のであった。ところが、十代半ばのころの文鮮明の経歴を統一協会はひた隠しにしており、霧につつまれている」（55ページ）

「十代半ばの文は、李龍道の説く『愛の講論』にすっかり酔いしれてしまい、はじめてきかされる未知の世界にがく然として異常な興味を覚えたのである。そして、学業もそっちのけでこの教理に沈溺《ちんでき》した」（56ページ）

「統一協会の公式文献によると、十代のころの文鮮明はいったいなにをしていたのか。学校に通っていたことと16歳のときの神の啓示しか出てこない。まして、このころに、血分け教の開祖である李龍道のもとに通っていたことなどおくびにも出していない」（57ページ）

萩原氏は、まるで文師が李龍道牧師と直接会ってでもいるかのように滔々《とうとう》と述べています。ここで、萩原氏は完全な創作をしており、すでに死んでいる李牧師が生きているものとして書いているのです。これでは、著作全体の信憑性が疑われる、驚くべき事実誤認です。

（注）文師がソウルへ行かれたのは、１９３８年春、京城商工実務学校電気科に入学されたときで、満18歳です。ところが、萩原氏は54ページで、１９３４年春、ソウルの五山高等普通学校に編入したと書いています。これも明らかな事実誤認で、文師が１９３４年に編入されたのは、定州にある私立五山普通学校です。このような間違いを平然と犯しています。いずれにせよ、この時すでに李牧師は死去していました。

萩原氏は、日本共産党機関紙「赤旗」の記者であり、この著書が出版された80年ころは、日本共産党が連日、「赤旗」で統一教会を誹謗中傷していた時期でした。

統一教会に対して悪意を抱いていた萩原氏は、その延長上で、言わば「初めに結論ありき」の立場から〝血分け〟の中傷をしているのです。

客観的証拠が一切なく、ただ悪意から書かれた書籍を用いた脱会説得によって、多くの統一教会信者が脱会させられてきたのです。

7、萩原氏が挿入した写真資料

萩原氏の著書には、視聴覚に訴える「写真資料」が、まるでここを注目しろと言わんばかりに、紙の色を変えて、書の中央部に挿入されています。それを見る者に、「萩原氏は文鮮明のプライベートな秘密まで調べ上げているようだ」という印象を与える、一種の権威付けにもなっています。

川崎経子牧師がこの書を用いるときにも、まずこの写真部分をわざわざ使用するのは、そのためだと言えます（「教団新報」86年4月26日）。また、浅見定雄氏も「萩原遼『淫教のメシア・文鮮明伝』97ページの一枚前に収められている写真を見られるとよい」（『統一協会＝原理運動』２１３ページ）と、写真に注目させる記述をしています。

ところが、よくよく写真を見ると、そこに〝血分け〟を裏付ける写真が一枚もないという事実に気付かされます。

私たちが写真を見る場合、写真を写したカメラマンがそこにいるということを、意外と忘れがちです。特に、自動シャッターが普及されていない時代の写真なら、そこには写した人も同席しているはずです。特に、文師の生活ぶりは、ほとんど公的な時間として過ごしておられるために、いわばこの写真すべてが公的な状況下で撮られたものと言えるでしょう。

そういう観点から見直していくと、いわゆる「イヤラしい」という写真は存在していません。唯一、22番の韓鶴子女史が、乳飲み子に母乳を飲ませている写真が、見る人によっては、多少疑問符を与えるかもしれませんが、純真な心で見ると、母親が乳飲み子に乳をふくませる姿は、ある意味で美しいものと言えるでしょう。

〝写真資料〟部分で問題なのが、一枚一枚の写真に付けられた萩原氏自身による説明文です。萩原氏の写真説明文は、実にいい加減な情報で埋めつくされているのです。

例えば、萩原氏が文喜聖だとして説明した写真33番は、文喜進様の写真です。萩原氏は、架空の名前を作り上げて、「文師には隠し子がいる」というイメージをつくろうと画策しているのではないかと疑いたくなります。極めて陰湿な手法と言わねばなりません。

また、萩原氏は、統一教会の国際合同祝福結婚式の際に用いる〝聖酒〟についても勝手に憶測して、次のように批判しています。

「二人の『愛の象徴』とはなにかについて書くこともはばかるような内容が巷間《こうかん》にいわれているが、それは別にしても血を飲ませるというのもゾッとする話ではないか。集団結婚式の体験者が目撃したところによると、文鮮明は、大きな酒樽に自分の指を切って血をしたたり落としたという」（22ページ）

では、萩原氏は、どのような根拠をもって、聖酒の中身ついて、このような思わせぶりな発言をするのでしょうか？

萩原氏は、文師の語った「聖酒は何が入っているかというと、それは父母の愛の象徴が入っている。それから血が入っていないといけない」の言葉を、その根拠として挙げています。「書くこともはばかる」というのは、〝精液〟が入っているとでも言いたいのでしょうが、そのようなことを、文師は一言も述べておられません。

確かな証拠もないまま、文師が語った言葉から邪推して言っているのです。実に、無責任な発言です。

〝精液〟の風聞は、前述の金明熙氏（男性の元信者）が語った〝虚偽発言〟であって、すでに韓国の裁判で「名誉毀損罪」に問われている内容です（参考：「ファミリー」１９９３年7月号、96ページ）。そのことを知っているからでしょう。萩原氏は、あえて金氏と言わず、「巷間で言われている」としているのです。

さらに、血液が入っているかどうかの問題ですが、これは実名抜きの目撃証言という単なる風聞で、何の証拠提示もしていません。

イエスが、「人の子の肉を食べず、また、その血を飲まなければあなたがたの内に命はない。……私の肉を食べ、わたしの血を飲む者はわたしにおり、わたしもまたその人にいる」（ヨハネによる福音書6章53～56節）と発言したことから、初代キリスト教会時代には、クリスチャンが「ぶどう酒」を飲んでいる姿を見て、民衆が「赤子の血をすすっている」と、あらぬ噂《うわさ》を流しました（参考：ケァンズ著『基督教全史』聖書図書刊行会、１２５ページ）。萩原氏は、それと同様の過ちを繰り返していると言えるでしょう。

統一教会の機関誌には、すでに「聖酒に血液は入っていない」との公式見解が出されています（「ファミリー」１９９７年8月号、58ページ）。

四、反対派に乗せられて書いた朴正華著『六マリアの悲劇』

統一教会に対する〝血分け〟の中傷は、１９５０年代半ばから絶えず行われてきました。しかし実際は、卓明煥氏が告白したように、「明確な証拠は何もなかった」のです。おそらく、反対派の人々は、このような状況にしびれを切らしていたに違いありません。

統一教会を貶《おとし》めるために、何としてもその証拠になるものを提示したいと切望していたところに、問題の書、朴正華氏の『六マリアの悲劇』（恒友出版）が登場してきたのです。

朴氏は、その後、心を入れ替えて、『六マリアの悲劇』で書いた文師のセックス・スキャンダルは、すべてでっち上げだったとして、新たに、真相告白の書『私は裏切り者』（世界日報社）を出版しました。

では、著者の朴氏が〝でっち上げ〟であることを自ら暴露した、この問題の書『六マリアの悲劇』は、どのようにして出版されることになったのでしょうか。その経緯について、朴氏は『私は裏切り者』の「はじめに」で、次のように述べています。かなりの長文ですが、重要ですので次に引用します。

「当時（1993年）、日本では、韓国で行われた三万双国際合同結婚式以来、統一教会に異常な関心が集まっていた。そこに、教会の草創期を先生とともに歩んだ男が、『真のサタンは文鮮明だ』と銘打って、ありもしない先生の『セックス・スキャンダル』をブチ上げたのだから、これは一大事件である。統一教会批判のネタ漁りに余念のない反教会ジャーナリストが、黙って指をくわえたまま放って置くはずがない。

たちまち私は、〝統一教会バッシング〟に便乗、相乗りした週刊誌やテレビ・ワイドショーの寵児《ちょうじ》となってもてはやされた。

なぜ、大恩ある先生をマスコミに売るような信義に悖《もと》ることをしたのか。

それは先生に対する憎しみ、抑えることの出来ない私憤のためである。私は『六マリアの悲劇』を、先生と差し違える覚悟で書いた。先生の宗教指導者としての生命を断ち、統一教会をつぶして俺も死ぬ、そんな破れかぶれな気持ちだった。だから、ありもしない『六マリア』までデッチあげたのである。

昔から宗教指導者を陥れるためには、セックス・スキャンダルほど効果的なものはない。聖なるものを泥まみれにして叩きつぶすには、その最も対極にあるセックス・スキャンダルほど有効な手段はない。そのことは誰もが知るところで、私もその卑劣な手段に手を染めた。

『生きるも死ぬも一緒』とまで誓った男と男の約束を、自ら裏切るほどの憎しみが生じたのは、なぜか。その赤裸々な告白が、この本の一つのテーマであるが、ここでかいつまんでお話しよう。

私は夢で、文先生が『再臨のメシア』だと教えられ、一緒に生活する中で、多くの奇跡を体験してきた。だから、先生が再臨のメシアであると確信できたのである。ところが、人間とはおかしなもので、いくら夢のお告げを聞いて体験しても、めまぐるしく移り変わる現実生活がだんだん自分中心になっていくと、それにつれ自分自身も見失っていく。そうなると、神の摂理のために公的に生きる先生まで、自分中心にしか見られなくなる。統一教会の教勢が発展していくにつれ、優秀な人材が教会に入ってくる。摂理を進めるために、先生がその人たちを活用する。

そういう時、私は何か自分が疎外されているのを感じ、愛の減少感にとらわれ、孤独の淵に落ち込む。そうなると、なかなか立ち直れない。真理を学ぶ気持ちもおきないし、祈る気持ちにもなれない。ただ、寂しさだけがひたひたと募ってくる。自分だけのことしか意識のいかない、そんな世界を乗り越えることは難しいことだ。

その時、自分の心に何かが囁《ささや》きかけてくる。あなたは正しいんだ。あなたを認めない相手が悪いんだ。そんな相手は倒さなければならない――と。強烈な自己正当化と相手に対する批判と憎悪。

聖書には、イエス様を裏切る前のイスカリオテのユダに『サタンが入った』と書かれているが、そのような得体の知れない冷たい思いこそ、サタンの囁きかも知れない。これにとらわれると、だんだん居ても立ってもいられなくなる。

お前を裏切ったのは文先生の方だ。お前は先生にだまされている。先生は身内のものを身近におき、先生のために苦労したものを無慈悲にも捨て去った。その証拠に、お前も追い払われたではないか。憎め！　悔しがれ！　復讐だ！　彼を倒すために何でもやれ…。

こんな時に限ってよくしたもので、日本の出版社から〝おいしい〟出版話が持ちかけられた。金に困っていた当時の私には、願ってもない話だった。『朴先生の本だったら二十万部は売れますよ』と。

〈定価一五〇〇円の印税一〇％、一部につき百五十円で、二十万部だと三千万円（韓国のウォンで約二億一千万ウォン）が手に入る計算になる〉と、ついその気になり、とんでもない本を出してしまった」（2～5ページ）

朴氏は、統一教会の草創期を歩んだ、数少ないメンバーの一人でした。しかも、興南の徳里特別労務者収容所で文師とめぐり会った、古参信者の一人でした。ところが、後から入教してきたメンバーが自分より優遇されて用いられていく姿を見て、寂しい思いにとらわれ、やがてその寂しさが憎しみへと変貌を遂げていったのだと言います。

その憎しみに取り憑かれてしまった朴氏は、まさに〝魔がさした〟かのように「とんでもない本」をでっち上げて出版しようと思ったのです。そのことを知った反対派の人々が放っておくはずがありません。願ってもない獲物が来たと言わんばかりに、朴氏に急接近し、うまい出版話を持ちかけていったのです。

このようにして、朴氏は統一教会反対派のジャーナリストやキリスト教関係者らから持ち上げられ、センセーショナルにマスコミでも取り上げられるようになりました。そして出版されたのが『六マリアの悲劇』だったのです。

しかし、朴氏はその後、『六マリアの悲劇』の内容は、「文師に対する個人的な恨みからでっち上げた作り話で、真相はこうである」として、約2年後の1995年11月1日、『私は裏切り者』（世界日報社）を出版したのです。そうなった経緯について、朴正華氏は次のように語っています。これも長文になりますが、次に引用しておきましょう。

「『六マリアの悲劇』を出版した後、私は本の販売キャンペーンのため日本全国の反統一教会グループの集会に顔を出し、本のＰＲをして歩いた。キャンペーンの反応は悪くなかったので、私の期待は膨らんだ。しかし、意気込みに反して本はあまり売れなかった。

そんなある日、ソウルの安炳日氏から仁川の自宅に電話が入った。会いたいというので、気軽にＯＫをした。

仁川から電車でソウルに出て、待ち合わせたロッテホテルのコーヒーショップで彼と会った。

私は当然、彼が私の本の出版を非難してくると思っていた。そうしたら、その場ですぐ殴ってやろうと思った。そして、この本をさらに英訳して世界に公表しようと思っていた。たまたま、日本の反統一教会グループから、再び全国巡回講演の依頼を受けていた時でもあった。

『朴先生、お元気ですか』

にこにこして挨拶する彼に、私は『あーっ』とあいまいな返事をしながらコーヒーを飲み始めた。

私は、先生を裏切る行為に出た理由を、一つ一つ語った。

『棲鎮《ソジン》鉱山に追いやられ、何の援助もなかった』こと。

『教会に戻ろうとしたが、組織が出来上がっていて、もう自分の位置がなかった』こと。

『後から来た者に『はい、はい』と頭を下げることができない』ことなどである。

さらに『ダンベリーに七回も手紙を出したのに返事がこない』こと。

『一和の金元弼社長に二十回も電話したが、返事もこない』ことも付け加えた。

自分の主張をまくしたてたあと、教会を出た後に反教会グループの者から聞いた悪口も、怒鳴るように大声を出して吠《ほ》えた。

彼は、私の話をたっぷり二時間の間、黙って聞いてくれた。

それで、私の心はすっきりした。

安氏はそれから、問題の一つ一つについて丁寧に説明してくれた。

彼とは、金徳振氏の一件で一緒に仕事をしたことがある。心の中で、統一教会にもいい人がいるんだな、とかつて抱いた思いがよみがえってきた。本の出版前に彼に会っていれば、こんな馬鹿なことはしなかったかも、という悔悟の気持ちがわいてきた。

その日はそれで別れ、その後彼と二、三回会って話をした。

彼は最後に会ったとき、日本の兄弟たちが先生の本で相当苦しめられている、とポツリと言った。私は〈何言っているんだ。今まで俺を疎外したくせに。日本の兄弟が苦しむのは、先生に対する復讐なのだ。ざまあみろ〉という気持ちに戻った。

それから少し経ったある日、安氏から電話が入った。また会いたいという。

会ってみると、彼は真剣な表情でこう切り出してきた。

『朴先生と一緒に日本で本を出版した人たちが、政府のある高官と手を組んで、朴先生の本を韓国語に翻訳し二、三百万部を韓国中にばらまき、統一教会を壊滅状態に追い込む。それをやめさせてやるから、二、三百億ウォンを自分たちに払えと脅迫してきた』

驚いた私は、彼の顔をじっと見つめていると、

『自分は、政府の関係者を通して、金大統領がそのようなことをするのかと尋ねたところ、そういうことはないと言われた。もし、それが本当なら恐喝で彼らを牢屋に入れる、と言われたそうだ』

私は、心臓が止まるほどの驚きを覚えた。

『朴先生は、その一味に加担しているのですか』

たしかに、私は、先生をやっつけようとしたが、それは私憤からである。それが、仲間に利用されて統一教会を恐喝し、金儲けの道具にされていることを知り、義憤と落胆が交錯した。だが、安氏は私を咎《とが》めなかった。彼は、逆に私をなぐさめてくれた。人間とはおかしなものだ。悪口を言われると、『何を！』と対決する力が出るが、過ちを怒らないでかえって慰められると、何か悪いことをしたような反省の気持ちにさせられる。

さらに、少し日が経って、安氏ともう一度会った。

『日本で反対派が、先生の本を利用して兄弟たちを苦しめている』
最初にそれを聞いた時は、〈ざまあみろ〉という気持ちだったが、それが金儲けのための道具に利用されていると聞いた後なので、私の心は複雑だった。ちょっと可哀想な気がして、良心の呵責を覚えた」(231～234ページ)

朴氏は、単なる〝個人的恨み〟を晴らそうとする動機から出版しようとしたのです。ところが、その本を、心ない一部の反対派の人たちに悪用され、しかも自分を出し抜いて、本人の知らない水面下で統一教会に脅迫まがいのことをしていることを知って興ざめしたというのが、朴氏が悔い改めた第一の理由だったのです。

おそらく、孤独な自分の味方と思っていた反対派からの「裏切り行為」に出会い、統一教会のときに感じた「愛の減少感」以上の疎外感や空虚感を感じたのでしょう。もちろん、そこに至るまでには、嘘をついてしまったことに対する良心の呵責から来る「後ろめたさ」と、安炳日氏の心温まる〝心のケア〟があったのは言うまでもありません。

そして、朴氏が悔い改めた2つ目の理由は、『私は裏切り者』の中に書いていることですが、安氏から紹介されて日本の世界日報社社長の石井光治氏と会い、統一運動の現状を聞かされ、さらにアメリカにまで渡って視察して回ることによって、かつて興南の収容所で文師から聞かされていたことが現実のものになっている姿をまざまざと見せつけられ、深く感動したことが挙げられます（『私は裏切り者』２３７～２４８ページ）。

そして、第3の理由として、拙著『統一教会の正統性』（広和）を読み、特にイエスの歩まれた生涯と文師の歩まれた半生が、あまりにもよく似ていることを知ったことが一因でもあったとのことです（『私は裏切り者』２４８～２５１ページ）。

このように、朴氏は悩んだり苦しんだり、また仲間から裏切られたりして心の傷を受け、安氏の〝心のケア〟を受けて、やっと立ち直ることができたのです。

それにもかかわらず、浅見定雄氏は、「（朴氏は）日本で本を出したりすれば大金が入ると思っていた期待が裏切られたため、再び統一教会へ寝返ったというだけの話」（『統一協会ボディコントロールの恐怖』かもがわ出版、37ページ）と切り捨てています。あまりにも人の心を踏みにじる発言であるとしか言いようがありません。

朴正華著『六マリアの悲劇』（恒友出版）は、反統一教会派の人々の甘い誘いに乗せられてしまった著者が、まるで〝魔がさした〟かのごとくに出版してしまったデッチ上げの書なのです。

ところが、日本で出版された『六マリアの悲劇』が、反対派の主導によって韓国語に翻訳される作業が行われ、１９９６年3月1日付けで『野録統一教會史』（큰샘출판사）

として韓国で出版されたのです。

この『野録統一教會史』の出版は、朴正華氏の本意ではありません。悔い改めて統一教会に再び帰ってしまった朴氏に〝秘密〟にして、反対派が出版に漕ぎ着けてしまったものです。事実、この『野録統一教會史』に掲載されている朴正華氏の「前書き」部分は、『六マリアの悲劇』の「あとがき」を一部削除し、それをそのまま転載し、著作日付も1993年10月の古いままになっています。著者の意向を完全に無視して出されたためです。

その事実を知った時点で、朴氏は「その出版は本人の許可なくして出したもので、違法に当たる」として法的訴えを起こしました。

しかし、満83歳という高齢であった朴氏は、係争中、志半ばにして、97年3月26日に亡くなりました。その2か月前の1月に、念願し続けてきた「祝福」を受けています(「ファミリー」1997年5月号、4ページ)。

ところが反対派は、それらの事の成り行きを知らない統一教会信者に対し、『私は裏切り者』が1995年11月1日に世界日報社から出された後で、1996年3月1日に、韓国語に翻訳された『野録統一教會史』が出版されていることから、「この出版が新しい事実から見ても、『私は裏切り者』は統一教会が勝手にでっち上げて出版したものだ」と脱会説得をすることもありました。これなどは、反対派のあくどさを表すものです。

出版事情をひた隠しにする、このような手法は、反対派全体に見受けられる傾向です。例えば、1997年8月20日付で出版された浅見定雄監修『統一協会ボディコントロールの恐怖』（かもがわ出版）でも、こういった出版事情のあることを無視し、さも『六マリアの悲劇』には真実が書かれているかのような思わせぶりで、文師に対するゆがんだ情報を流し続けているのです。

その浅見定雄氏は、『六マリアの悲劇』について、「この本の最大の意義は、著者の朴正華氏が統一協会の創立以前から文鮮明の片腕だった人であり、文鮮明の『血分け』（『復帰』という）の乱行の生き証人であるという点にある。著者は自分自身も文鮮明の指示で血分けを実行させられたと告白している。この本で明らかになったことはたくさんある……」（『統一協会ボディコントロールの恐怖』14ページ）として、書いた当の本人がすでに取り下げているにもかかわらず、真相が明らかにされた後も、なお、その著者の意向を完全に無視して著述し続けているのです。これが反対派のやり方なのです。まさに「嘘も百回言えば真実になる」を地で行っているのです。

文師や統一教会は長い間、何の証拠もないのに、キリスト教関係者や反対派グループから、〝淫行の教祖〟〝血分け教〟と言われ続けてきました。それは、初代キリスト教会時代においても同様でした。極めて古い初期の頃からユダヤ教側が、「イエスはローマ兵士パンテラと母マリアとが〝姦淫の罪〟を犯して生まれたいかがわしい人物である」と噂《うわさ》し始め、その噂はなかなか止まず、何とオリゲネスがAD248年頃に書いたとされる『ケルソス駁論《ばくろん》』においてさえ、まだ弁明し続けなければならなかったほどです。

キリスト教会も、近親相姦をしているとか、いかがわしい儀式をしているとか、長い間、噂された歴史的事実がありましたが、それと同じ状況を統一教会に対する〝血分け〟の中傷に感じます。

五、教えにない〝血分け〟理論

1、邪推にすぎない浅見定雄氏の言説

反対派による〝血分け〟の中傷は、風聞や邪推に基づくものにすぎません。
例えば、浅見定雄氏は『統一協会ボディコントロールの恐怖』（かもがわ出版）の中で、天使長ルーシェルをL、エバをE、アダムをAと表示しながら、統一教会には「セックスで清め返す」という教えがあるとして、次のように邪推します。

「堕落の経緯がL↓E↓Aとすべてセックスの関係だったとすれば、これを回復（復帰）するのはこれと逆のセックス経路がどうしても必要なはずである。堕落天使ルーシェルがエバを汚し、そのエバがこんどはアダムを汚したのだとすれば、逆に新しい『無原罪』ルーシェル（L'）が『清い』セックスによって人間の女（E'）を清め、そうして清まった女がつぎに男（A'）を清めればよいのだ。……

彼らの論理では、イエスは本当は『第二のルーシェル』でなければならないのだ。そうでないと、最初のルーシェルがセックスで汚した人間の女をセックスで『清め返す』ことはできないからである」(16ページ)

浅見氏の統一原理解釈は、なぜここまでねじ曲がってしまうのでしょうか? それは、浅見氏が『原理講論』をトータル的に把握していないことに原因があります。

浅見氏は、堕落論の要点である、①天使長ルーシェルとエバの霊的堕落の問題が、単なる〝性関係〟を結んだというレベルの問題ではなく、夫婦となるべき関係でないのに、〝不倫の関係〟を結んだという「創造原理に反する行為」であった点、②その動機が、神の愛ではなく、「自己中心の愛」であるところに問題があった、という重大な2点を見落としています。

これらの重要点を見落とすようでは、堕落論はおろか、統一原理のイロハも分かっていないと断言せざるを得ません。

『原理講論』には、「アブラハムは彼の妻サライと兄妹の立場から、彼女をパロの妻として奪われたが、神がパロを罰したので、再びその妻を取り戻すと同時に、連れていった彼

【図1】

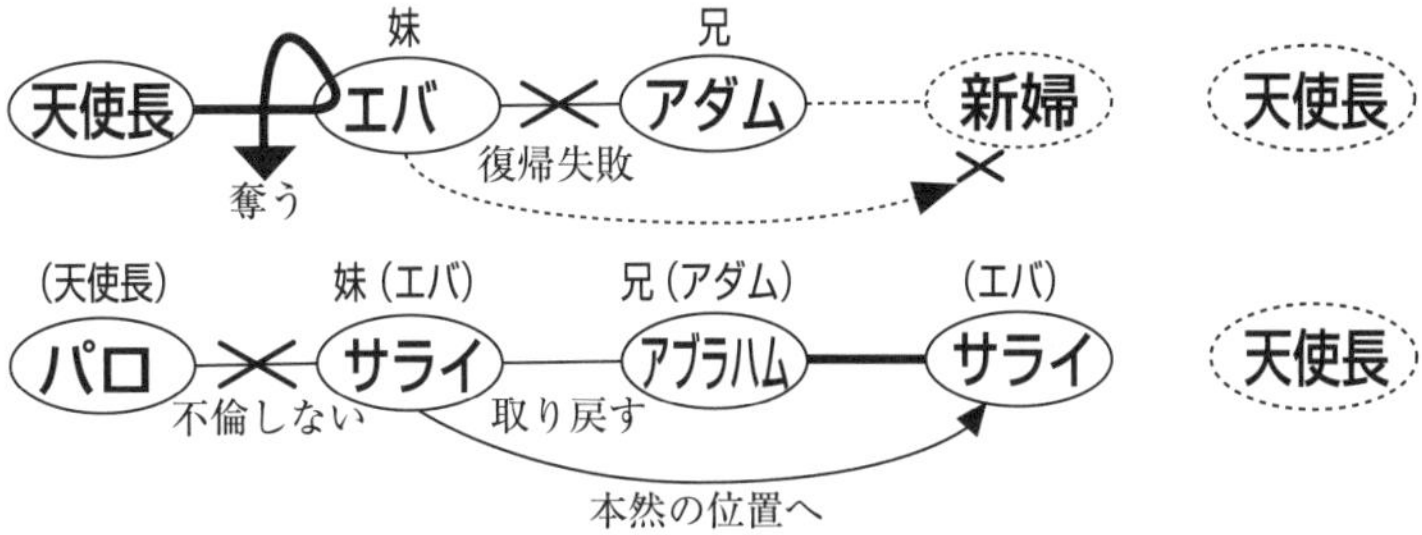

の甥ロトと多くの財物を携えて、エジプトを出てきた。アブラハムは自分でも知らずに、アダムの家庭の立場を蕩減復帰する象徴的な条件を立てるために、このような摂理路程を歩まなければならなかった」(318ページ)と論じられています。これは創世記12章10節～13章1節の物語を解釈したものです。

復帰摂理の中心人物アブラハムは、アダムの立場を蕩減する人物として、一旦、天使長の立場を象徴するパロに妻サライ(妹)を奪われそうになったのですが、再びサライを取り戻す路程を歩みました。これはアダム家庭で起こった堕落の内容を反対の経路で蕩減復帰する路程であったと解説しています。

この場合【図1参照】、アダムの立場を蕩減するアブラハムはアダムのままであり、また、天使長の立場のパロも、やはり天使長のままであって、それは霊的堕落をするときに、夫婦となるべきではない二人（天使長とエバ）が〝不倫の愛〟の関係を結んで堕落したので、①逆にサライ（＝エバ）がパロ（＝天使長）と〝不倫しない〟で、「創造原理の相手」である夫アブラハム（＝アダム）のもとに帰ってきた、②サライは夫の生命と自分の貞操を守るために、〝自己中心的な動機〟ではなく、「神を中心とした生命がけの心情」をもって、偽りの愛による「誘惑」の試練を乗り越えたのです。

すなわち、堕落が「不倫の問題」だったので「不倫しない」こと、さらには、堕落が「自己中心の動機」によって引き起こされたので、今度は「神を中心とした動機」に立つこと、このように反対の道を歩んだアブラハム路程こそが、まさに復帰ということを意味するのです。

浅見氏が言う、イエスは「第2のルーシェル」だとか、第2のルーシェルであるメシヤがセックスで「清め返す」といった屁《へ》理屈は、統一教会では全く教えていない、浅見氏の邪推にすぎません。浅見氏は、統一教会の教えのイロハさえも分かっていないのに、「統一教会の教えはこうだ」と断定的に述べているのです。

2、「聖酒式」による原罪の清算

浅見氏が、〝憶測〟に基づいて、統一教会には〝血分け〟がある（または、あった）に違いないと主張するのは、1997年8月発行の『統一協会ボディコントロールの恐怖』が初めてではありません。1980年代に出版した『「原理講論」の仮面を剥《は》ぐ！』（原理運動を憂慮する会、12〜13ページ）、『統一協会＝原理運動』（日本基督教団出版局、134〜135ページ）でも、同じ憶測に基づいて、統一教会には〝血分け〟があるに違いないと主張していました。

その根拠は、「堕落の経緯がL→E→Aとすべてセックスの関係だったとすれば、これを回復（復帰）するのはこれと逆のセックス経路がどうしても必要なはず」という短絡的な発想に基づいた〝邪推〟です。他の反対牧師らも、浅見氏と同類の短絡的発想から、〝血分け〟があるに違いないと批判してきました。

反対派がこのような推論から〝憶測〟して結論づける際に、全く気付かないでいる大きな盲点があります。アダムとエバは「人間始祖」の立場に立っており、他の人間はその「子孫」の立場であるという、歴然とした〝立場の違い〟があることを理解していないのです。

アダムとエバの堕落は、「人間始祖」の立場で起こった問題です。アダムとエバは成長期間の途中で堕落したので、「人間始祖」は、〝無原罪〟で成長し、その途中から〝原罪〟

をもつようになったわけです。

そして「子孫」の立場の人間は、その原罪を〝血統〟という血のつながりを条件として受け継いでいるのです。つまり、「子孫」の立場の人間（人類）は、アダムとエバと同じ〝不倫な性関係〟という過ち（罪）を犯していないにもかかわらず、〝人類〟という血統に基づく類的一体性のゆえに、原罪を相続（伝播）しているのです。

したがって、メシヤが〝原罪〟を清算し、人類を〝血統転換〟させるには、まず「人間始祖」（真の父）の立場で、三天使長（堕落圏）から〝真の母〟を取り戻して、人類の「真の父母」が立ち、その基台の上で、「子孫」の立場にいる人間が、その真の父母（完成したアダム・エバ）の勝利圏を、〝人類〟という血統に基づく類的一体性のゆえに相続するという過程を経ることになります。

ゆえに、メシヤと実体的な性関係をもって「真の母」として立つ女性は、あくまでも「人間始祖」の立場で、エデンの園で失敗したエバの立場を勝利する蕩減《とうげん》の主役としての〝真の母〟だけであり、それ以外の「子孫」の立場の人類は、実体的な性関係をもつ必要はないのです。

〝真の母〟が復帰されたという勝利圏を相続するには、「聖酒式」に参加する女性が、〝真の母〟との関係性において、エデンの園で生じた〝エバの罪責〟を2人で分担して清算す

【図2】

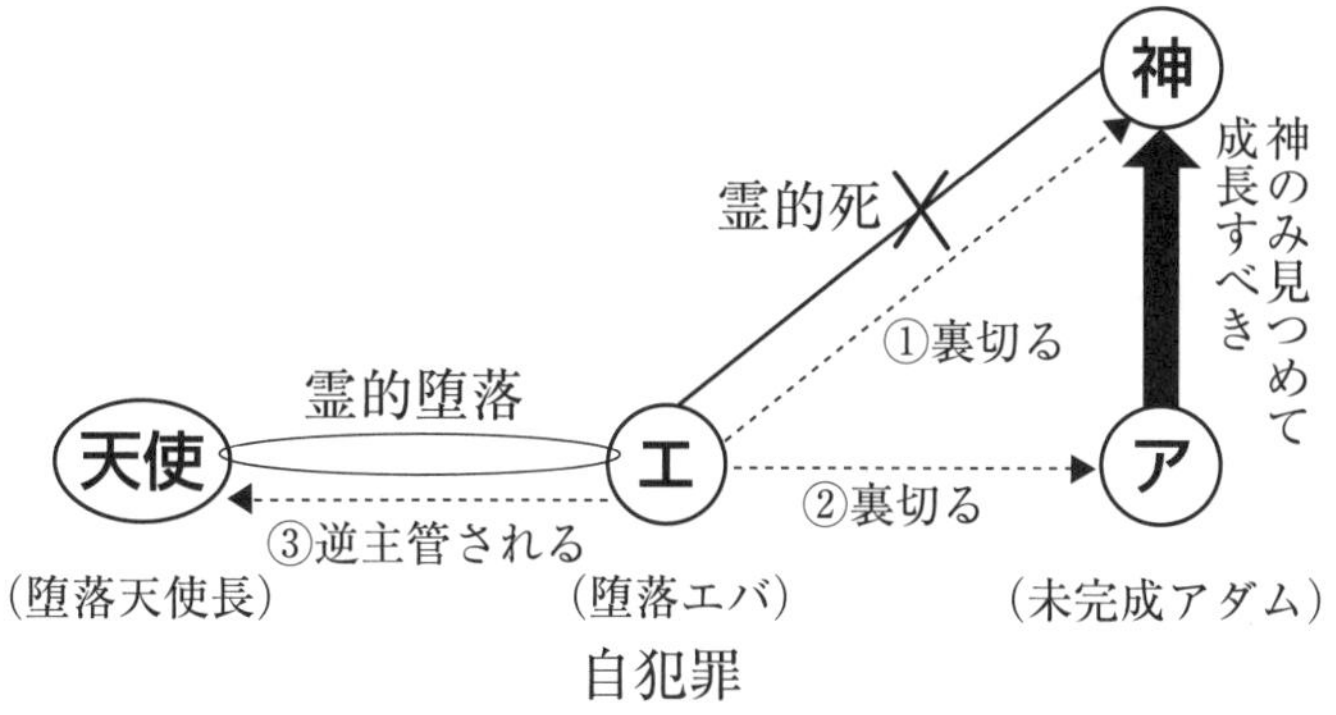

（注）「------▸」はエバの罪責を意味する
エバはその罪責を清算すべき

る〝手続き〟（罪責の消滅）を経ることで相続し、原罪清算が可能となるのです。

　この場合、天使長との霊的堕落によって罪を犯した、エデンの園における「堕落エバ」が、本来、①神、②アダム、③天使長の三者間との間で発生させた〝罪責〟**【図2参照】**を清算して、本然の位置（アダムの新婦）に帰らなければならなかった道（注：エバはその道を失敗し、アダムまで堕落させてしまった）を、反対の経路で通過して、勝利しなければなりません。

　本来、堕落していないアダム（無原罪）が相手にすべき女性は、あくまでも罪を清算した「新婦＝真の母」だけであり、決して「堕落エバ」ではありませんでした。それは、『原理講論』に「アダムが、罪を犯したエバを相手にしないで完成したなら……」（111ページ）と明記してあ

【図3】

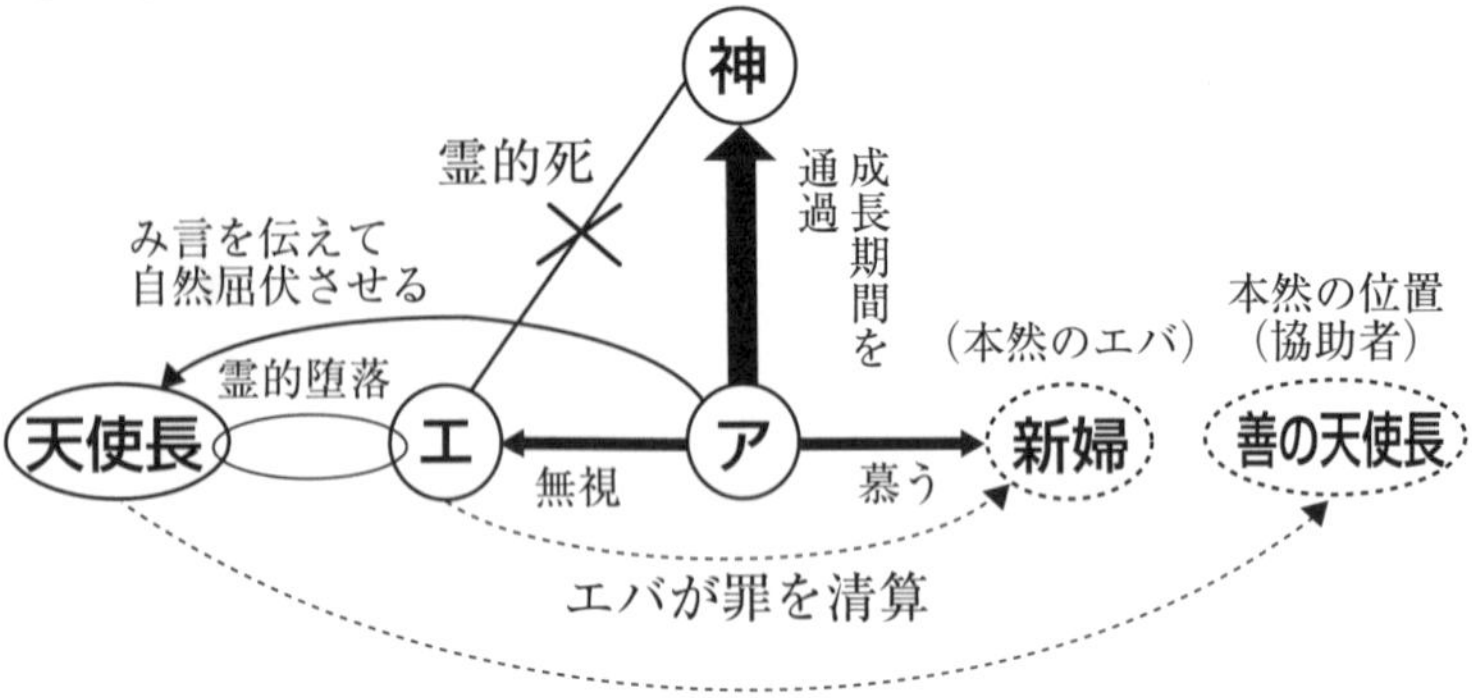

るとおりです【図3参照】。

その道を失敗したのが、「人間始祖」の立場にあったエバとアダムだったのです。それゆえに、原罪を清算するには、勝利された〝真の母〟が立っておられるので、その勝利圏相続のために、エデンの園でエバ一人が発生させた罪責を2人のエバ（真の母と聖酒式に参加する女性）によって、メシヤ（完成アダム）を中心として、その罪責を消滅させる手続きを経ているのです。「聖酒式」の儀式は、〝真の母〟と〝女性〟という2人のエバが、メシヤを中心に、罪責を生じさせたのと反対の経路で原罪を清算する儀式なのです。

メシヤ（真の父）は、真の母との間でのみ「実体的性関係」を結びますが、それ以外の女性との間では、性関係をもつ必要がありません。もっと正確に言えば、もってはいけないのです。

そのことが、浅見氏をはじめ、〝憶測〟で物事を考える反対派の人々が全く分かっていない大きな盲点です。

〈これらの内容の詳細については、拙著『祝福結婚と原罪の清算』（光言社）を参照〉

エデンの園で発生した〝罪責〟を清算するために、2人の女性（真の母と聖酒式に参加する女性）がかかわるということについて、文師は次のように述べておられます。

「女性たち（聖酒式に参加する女性）とお母様との関係は何かというと、お母様は本妻です。あなたたちは、復帰摂理上は妾《めかけ》と同じですが、妾だからといって先生が（実体的に）愛したのではありません。先生はだれかというと、私が愛していなくても、皆さんにとっては正式な夫です」（2000年10月14日）

「原理からすれば、一人の男（メシヤ）が2人の女とつきあうことはできないから、妾（祝福を受ける女性）の旦那さんにアダムを接ぎ木して、ハンダ付けしてつくってあげるのです。先生は完成された旦那さん（真のアダム）の立場ですから、弟の立場、第2番目のアダムをつくるのです。

あなたたちの旦那さんたち、天使長（祝福を受ける男性）を連れて来て、昔16歳のときに堕落した、その堕落前の基準が残っているから、そこに完成されたアダムの勝利の実体を接ぎ木するのです」（1994年1月2日）

文師が、「妾だからといって先生が（実体的に）愛したのではありません」、「原理からすれば、一人の男（メシヤ）が2人の女とつきあうことはできない」と明言しておられるように、実体的性関係をもつのは〝真の母〟だけであって、それ以外の女性とは性関係を持つ必要がありません。

また、「あなたたちの旦那さんたち、天使長（祝福を受ける男性）を連れて来て、昔16歳のときに堕落した、その堕落前の基準が残っているから……接ぎ木するのです」と言われるのは、人間始祖アダムとエバが、成長期間の途中で堕落したため、「人間始祖」は、16歳までは〝無原罪〟であり、それ以降、〝原罪〟をもつようになったことを言い表した概念であり、そのような基準が残っているので、原罪を清算した勝利圏を、祝福を受ける女性を通じて、男性に〝接ぎ木〟するというのです。

そして、言うまでもないことですが、このように「聖酒式」を通過して原罪を清算した男女が、その後において行う「三日行事」は、あくまでも夫婦として結ばれたカップルの間だけで許されるものです。統一教会の結婚観は、どこまでも「一夫一婦制」を支持するものであり、夫婦以外の人とは一切不倫関係を結んではならないという、〝純潔〟を貫く教えです。文師は、次のように語っておられます。

「生殖器が、なぜ生まれたのでしょうか？　愛のため、生命のため、血統のため、良心のために生まれたのです。生殖器を通さずしては、愛も、生命も、血統も、良心もないのです。……男性の生殖器は、男性のために生まれたのではありません。……それが、だれのものであるかといえば、女性のためです。ひとえに主人は、一人の女性です。２人ではありません。絶対に主人は一人です。神様は、そのようなたった一つの目的のために創造されたので、それを変えることはできません。

男性の生殖器の目的は、永遠に、唯一、絶対の、一人の女性のために存在し、女性の生殖器は、永遠に、唯一、絶対の、一人の男性のために存在します。それは根本的公式であり、どんな力をもってしても変えることはできないのです。

……男性の生殖器は、だれと一つになるようにできているでしょうか？　妻とです。単に女性というのではなく、妻とです。永遠に、たった一人の妻とだけです」（１９９７年2月13日）

このように、統一教会の教理から見た場合、新しく入信した信者をはじめとして、777家庭、430家庭……古参信者の36家庭、3家庭に至るまで、信者が文師と〝血分け〟をする必要は全くないのです。

この〝血分け〟の中傷は、何の証拠も無いなかで、長い間、反対派が〝邪推〟に基づいて流し続けた風聞でしかないのです。

第五章　悪意に満ちた批判

一、十字架は絶対予定か、二次的予定か

1、〝宗教戦争〟と同類の動機を持つ反対牧師

統一教会信者の脱会説得のために、反対牧師が行う批判は、憶測に基づいた〝血分け〟の中傷だけではありません。それ以外にも数多くの批判があり、その中の一つに、聖書をどう解釈するのかという宗教上の教理問題が、実に大きなウエートを占めています。

反対牧師は、キリスト教の教理の根幹ともいえる「十字架贖罪《しょくざい》論」に基づいて、統一教会の教理批判をします。特に、森山牧師をはじめ、福音派の牧師にとって、この十字架問題が核心的批判となります。統一原理の十字架解釈は間違っているというのです。

統一原理では、イエスの十字架は本来あるべきでなかったと主張します。神の本当の願いは、イエスが生きて勝利し、地上天国と天上天国を築くことであったとします。ところが、当時のユダヤ教の不信によって、地上・天上天国を築く前に、十字架につけられて殺害されてしまったため、霊的救いのみで終わったのだとします。この解釈に対して、統一

教会の教えは「十字架に敵対」（ピリピ3章18節）する〝サタンの教え〟であると批判するのです。

前述した「クリスチャン新聞」1976年3月21日号に掲載された森山牧師の発言にもあるように、反対牧師は、十字架解釈の争点となり得る聖書の箇所を取り上げて説得することで、脱会に追い込もうとするのです。

キリスト教が十字架にこだわるのは、〝救い〟の根拠を十字架に置いているからです。その十字架を取り除いてしまえば、従来のキリスト教で説く救いの根拠が全くなくなってしまいます。

パウロは「罪の支払う報酬は死である」（ローマ人への手紙6章23節）と述べますが、その「死」の概念には、〝霊的な死〟だけでなく、〝肉体の死〟が含まれています。堕落によって人間に霊肉共の死がもたらされたというのです。その肉体の死をももたらした罪を清算するため、本来、死とは無関係の〝無原罪〟のイエスが、人類の罪の身代わりとして十字架で死んだというのです。これが、キリスト教の〝贖《あがな》い〟の思想です。

そして、罪を清算したイエスは、すべての人の「初穂」として、栄光の体（栄化体《えいか》）をもって〝復活〟されたというのです（コリント前書15章20節）。

このように、十字架と復活はキリスト教の救済観に直結しています。つまり、キリスト教の教理は、十字架を土台として組み立てられているのです。

もし統一教会が主張するように、十字架が本来あるべきではなかったとすれば、２０００年の伝統的教えを変更しなければならなくなります。

ですから、カトリック教会は、十字架と復活の教えが否定されることに対し、強い警戒感をもって「もし、復活がなければ、信仰のすべての構造は、その基礎から崩れる」（『「終末論に関する若干の問題について」解説：教皇庁教理聖省書簡』６ページ）と表明しているのです。

この十字架解釈の違いは、反対牧師にとって最も受け入れ難い問題です。森山牧師も、この十字架解釈を問題視し、「統一教会はキリスト教ではない」と言って断罪してきたのです。反対牧師は新約聖書を用いながら、「十字架は絶対予定だ！　だから、統一原理は間違っている」と批判し、脱会説得をします。この批判は、キリスト教にとって絶対に譲れない、いわば「存亡をかけた戦い」とも言い得るものです。

他宗教にない、独自の十字架贖罪の信仰ゆえに、キリスト教は、その信仰を受け入れないユダヤ教徒らを、歴史的に排斥してきましたし、また、十字架の旗印のもとでイスラム教（イスラーム）と十字軍戦争を行い、血で血を洗う争いをしてきたのです。

十字架こそ、キリスト教教理の根幹をなすものであり、それを否定したり、敵対するように見える群れが現れれば、十字架信仰を守るために、容赦のない攻撃をすることとなるのです。反対牧師による十字架をめぐる教理批判は、歴史的な〝宗教戦争〟と同類の動機によって引き起こされています。

クリスチャンがどのような観点で聖書を読み、十字架の贖いを信じているのかを知らずに統一原理を学び、そして統一教会の信仰をもつようになった人の場合、反対牧師が新約聖書を使用して行う教理批判に耐えられる人はほとんどいないことでしょう。なぜなら聖書(福音書)を読むと、イエスご自身が〝十字架にかかる〟と語っている箇所が随所にあるからです。

「人の子は必ず多くの苦しみを受け、長老、祭司長、律法学者たちに捨てられ、また殺され、そして三日の後によみがえるべきことを、彼らに教えはじめ、しかもあからさまに、この事を話された。すると、ペテロはイエスをわきへ引き寄せて、いさめはじめたので、イエスは振り返って、弟子たちを見ながら、ペテロをしかって言われた、『サタンよ、引きさがれ。あなたは神のことを思わないで、人のことを思っている』」(マルコによる福音書8章31節)

「『見よ、わたしたちはエルサレムへ上って行くが、人の子は祭司長、律法学者たちの手に引きわたされる。そして彼らは死刑を宣告した上、彼を異邦人に引きわたすであろう。また彼をあざけり、つばきをかけ、むち打ち、ついに殺してしまう。そして彼は三日の後によみがえるであろう』……『……人の子がきたのも、仕えられるためではなく、仕えるためであり、また多くの人のあがないとして、自分の命を与えるためである』」（同10章33〜45節）

このように、イエスは生前、十字架を予告し、その死は人類を救うためであると述べています。統一教会の十字架解釈と真っ向から対立していると思われる記述です。

反対牧師は、これと同じような聖句を持ち出して、統一教会信者に痛烈な教理批判をぶつけます。神学校で勉強し、説教の実践訓練までした百戦錬磨の牧師です。ほとんどの統一教会信者は、監禁場所で批判する反対牧師の攻撃をかわしきれず、どう解釈すべきか混沌とさせられ、やがて脱会へと追い込まれていくことでしょう。

そして、脱会させられた信者は、「統一教会の背後には、十字架に敵対するサタンがいる」とまで思うようになってしまうのです。

2、聖書批評学について

キリスト教では、特に19世紀以降に「イエス伝研究」が急速に進み、福音書に書かれたイエスの生涯は、「歴史的事実に則して忠実に書かれたものではなく、ケリュグマ（宣教）のイエスに他ならない」というのが、学者間で常識となっています。最古のマルコ福音書でさえ、「ケリュグマ」のイエス像に基づいて、ＡＤ65年ごろに成立した書物であるというのです。今や、十字架絶対予定説は疑われており、福音書に書かれてあるからといって、それをうのみにすることはできないというのが、聖書批評学から導き出された現代キリスト教の定説です。

ギュンター・ボルンカムは、その著書『ナザレのイエス』（新教出版社）で、次のように論じています。

「エルサレムへ行こうとする（イエスの）この決意は、確かにイエスの生涯の歴史における決定的な転換点である。（しかし）私たちはこの決意を、すぐさま後の伝承が言うように、イエスはエルサレムで死のうとされただけなのだと理解することはできない。繰り返し語られた受難と復活の予言によると、そのようにも思われる（マルコ８・31、９・31、

10・33以下)。だが、これらの予言は、明らかにイエスの受難の出来事を回想することによって作成されたものである」(206ページ)

また、ヴァルター・カスパー著『イエズスはキリストである――現代カトリック・キリスト論概説』(あかし書房)には、次のようにあります。

「イエズスが自分の死をどう理解していたかという問いは、資料の状況の面できわめて重要な問題を我々に提起する。ロギアの資料(イエズスの語録)には、受難物語の跡は何も残されていないばかりか、それについての何の指摘もないことに気がつく。そこに含まれていることは、預言者たちが圧政に遭遇すること、そしてそれはイエズスの上にも起こること(ルカ11・49以下、平行箇所参照)だけであり、イエズスの弟子たちも拒絶と迫害を覚悟しなければならない(ルカ6・22、平行箇所、12・8、平行箇所参照)。

しかしこの箇所ではイエズスの死には本来の救済的意味は与えられていない。それはイエズスの受難を予告するさまざまな箇所と異なっている(マルコ8・31、平行箇所、9・31、平行箇所、10・33以下、平行箇所)。これらはどれもイエズスがかれの死を予知していたことを表現し、それによってかれが死ななければならないことを自発的に受けとめていたことを強調する。その上これらの箇所はイエズスの受難を神が定めた必然的なことと理解している（注：平行箇所とは、福音書に出てくる「同じ内容の記事」を指す）。もちろん今日では一般に、これらの受難の予告はすくなくともその元の形態において事後予言、つまりイエズスの死についての復活後の意味づけであり、イエズスの真正な言葉ではないことが確信されている。これはとくに第三の受難予告に妥当し、それは受難の事実上の経過をすでにきわめて詳しく表現している。イエズスがかれの死と復活をこれほどはっきりと予告していたなら、弟子たちの逃亡、かれらの失望、復活に対する初期の不信などはまったく不可解である」（182～183ページ）

（補足）マタイ伝、マルコ伝、ルカ伝にはどれも、イエスが3度にわたって受難予告をしたことが記されています。マタイ伝で言えば、第1回が16章21節以下、第2回が17章22節以下、第3回が20章17節以下となります。カスパーの指摘する「第3の受難予告」は、マタイ伝20章17節（マルコ伝では10章33節）以下を言います。

これらの主張に見られるように、批評学を踏まえた現代の神学界においては、イエス自らが十字架にかかる以前から、十字架を唯一の救いの道と自覚し、求めていたとは信じられていません。

事実、イエスは、生前において「人の子は地上で罪をゆるす権威をもっている」（マタイによる福音書9章6節）と語っていた言葉もあるのです。また、十字架が絶対予定であったなら、イエスご自身が、その十字架のために悩み苦しみ、「わたしは悲しみのあまり死ぬほどである」（同26章38節）と弟子たちに語った言葉などは、不可解と言うほかありません。

さらにカスパーの主張にもあるように、もしイエスの弟子たちが、十字架と復活の起こる以前から、その救済の出来事を明確に認識し、かつ、そのイエスの意志を確信していたならば、イエスの予告どおり、十字架と復活を目の当たりにして、「やっぱり、そうだった！」と納得し、喜び勇んですぐに多くの人々にその救いの道を強調し、伝えていたことでしょう。

ところが、イエスの死後、約35年後に編纂《へんさん》されたとされる、最古のマルコによる福音書でさえも、最も重要で核心部分となる〝復活〟のイエスと出会った場面が省かれている――マルコ伝16章9～20節は、写本上の証拠から、2世紀になってから補足された「追加文」であることが明らかとなっている――ばかりか、墓を訪ねた女たちですら、復活のメッセージを天使から告げられるに及んで、それに恐れおののき、「墓から出て逃げ去った。そして、人には何も言わなかった。恐ろしかったからである」（16章8節）と記されているのです。

また、その後に編纂されたルカによる福音書では、すぐに弟子たちがその考え方（十字架と復活）を受け入れられなかったのは、〝心がにぶくなっていた〟（24章25節）、あるいは〝心が閉じていた〟（24章45節）と弁明してはいるものの、歴史的事実としては、「使徒たちには、それが愚かな話のように思われて、それを信じなかった」（ルカ24・45）のです。

「心が閉じていた」と表現されていること自体、イエスの生前においては、弟子たちには、十字架と復活が明確になっておらず、あくまでもそれらの事実が起こった後、福音書が編纂されていく過程の中で、その意味が徐々に明確化されていったことを裏付けていると考えられます。

これらのことから、福音書は十字架と復活が絶対予定だったと一貫して強調しているものの、それはイエスに関する伝承を集めて福音書を編纂した福音書記者が、〝十字架贖罪〟を明確に述べていく宣教上の必要性から、後から十字架の出来事を解釈し直し、イエスの受難の生涯を弁証的に論証しながら書き上げていった〝事後預言〟の書だと言えるのです。

以上のことを考察していくと、福音書とは「歴史に実在したイエスの人となり、その生き方というものを忠実に書き記した書物」、あるいは「神の霊感によって一字一句誤りなく書き記された書」というより、「十字架にかかるためにイエスは来られ、人類の罪を清算（贖《あがな》い）してくださった」という十字架贖罪論を信奉し、イエスをメシヤとして受け入れた福音書記者が、後世において、〝事後預言的〟に編集した、「信仰告白の書」であると結論せざるを得なくなるのです。

〈十字架解釈をめぐる教理論争の問題点は、拙著『「原理講論」に対する補足説明』（広和、34～109ページ）を参照〉

19世紀を中心として急速に進展した「聖書批評学」によって、キリスト教の伝統的信仰は、深刻なまでの挑戦を受け、大きく変貌していきました。

しかし、その「聖書批評学」の登場は、むしろ神の摂理であったと言うこともできます。なぜなら、伝統的な十字架信仰に凝り固まった土壌の上に、再臨主が来られ、十字架に対する〝真実〟を語ったなら、再臨主は、十字架を信奉するクリスチャンたちによって、再び苦難の道に追いやられるのは火を見るより明らかだからです（拙著『統一教会の正統性』広和、151～153ページ）。私たちは、これらの事情をよく知って、賢明な対応をしなければなりません。

統一教会の宣教活動は、十字架をめぐる教理論争の影響から、キリスト教圏においては、苦労を強いられることが多くあります。しかし、キリスト教の基盤が小さく、人口の1％にも満たない日本社会においては、説得力ある統一教会の教えであるがゆえに、短期間のうちに基盤が爆発的に拡大しました。特に70年代、80年代は、破竹の勢いがありました。そのような事態に〝危機感〟を募らせていったのが、日本の共産化をもくろむ左翼勢力であり、長年、日本のキリスト教化を願いながらも、宣教がうまくいかなかったキリスト教であったのです。

両者は共に、ほぼ同じ時期（激しくなるのが70年代後半）に、反統一教会活動に熱心に取り組んでいくようになったのですが、それは単なる偶然ではありません。「日本社会におれなくすること」、これは日本共産党の目標である（『原理運動と勝共連合』日本共産党中央委員会出版局、131ページ）と同時に、十字架神学にこだわりをもつキリスト教（特に反対牧師）の目標にもなっているからです（浅見定雄著『統一協会＝原理運動』日本基督教団出版局、224ページ）。

しかも、脱会説得によって脱会した元信者は、「その後、りっぱなクリスチャンとなり、逆に統一協会の信徒を救い出そうと伝道を始めるようになる」（森山牧師の弁）というのです。伝道を熱心に行うクリスチャンを見いだすには、祈りの蓄積と、こまめな信徒への信仰指導が必要であり、労することが多いのです。ところが、統一教会信者を脱会させてみると、「その後、りっぱなクリスチャンとなり……伝道を始めるようになる」のです。

田口民也氏が脱会説得したN君の場合は、「何度玄関払いをされても、熱心に……イエス・キリストに救われた喜びを伝えて」いくほどになったのです（『統一協会からの救出』いのちのことば社、190ページ）。

熱心なクリスチャンをつくることは反対牧師にとって願ってもないことです。あまり労せずとも、期待以上の成果が得られる宣教法が、この脱会説得活動なのです。事実、脱会した元信者が牧師になるケースもあるのです。そればかりか、親御さんからも感謝され、その親族をも伝道できる可能性が十分にあるのです。特に、福音派の反対牧師にその傾向が顕著で、自分の教会に所属する信徒の多くが元統一教会信者およびそこにかかわっていた人たちで占められる教会もあるのです。

3、統一教会の十字架解釈

では、統一教会は、十字架をどのように解釈しているのでしょうか。

統一教会の教えも、イエスの十字架に〝神の救済〟の大いなるみ業があったと見ています。ただ、伝統的なキリスト教がイエスの〝肉体の死〟、特に、十字架上で流された〝血潮〟そのものに救いの根拠を見ているのに対し、統一教会ではイエスが十字架上で立てられた、怨讐をも愛する〝絶対愛〟がサタンの霊的不可侵圏をつくり、その条件の上に霊的に復活されて聖霊を迎え、イエス（霊的真の父）と聖霊（霊的真の母）によって、クリスチャンが霊的に「生み変えられる」（血統転換する）ところに救いの根拠を見ています。

すなわち、「統一原理」の立場から見れば、贖罪の根拠はイエスの十字架による〝肉体の死〟そのものにあるのではなく、イエスが十字架上で絶対信仰、絶対愛、絶対服従の基準を立てられ、サタンの霊的不可侵圏を成立させ、さらには霊的真の母である聖霊を迎えて「霊的真の父母」の立場に立ち、その霊的真の父母によって、霊的に「血統転換」されるところに、贖罪の根拠があると見ているのです。言い換えると、聖霊を通じて、イエス（霊的真の父）に〝接ぎ木〟されるところに救いがあると見るのです。

ところが、キリスト教は、統一原理のいう「血統転換」（接ぎ木）の概念が分からず、ただ、メシヤのみが支払うことのできる、いわば客観的な蕩減条件である「十字架」に唯一の根拠を置いたため、そこに〝人間の努力〟が一切介入できない贖罪論の論理構造になってしまっているのです（拙著『祝福結婚と原罪の清算』光言社、86～88ページ）。そのために、〝自力救済〟か、〝他力救済か〟という論争をはじめ、十字架を信じない諸宗教の救済観と対立し、深刻な宗教戦争を引き起こしてきました。つまり、十字架の解釈が教理論争の火種ともなっているのです。

統一原理の解釈の観点に立てば、〝十字架の意義〟を生命視しつつ、自力救済を説く仏教、あるいは歴史的に対立してきたユダヤ教やイスラム教の救済観とも和合していく道が見えてくるはずです。そのような意味から、統一教会の教えは、超教派、超宗教運動を推進し、諸宗教和合の道を模索し得る観点をもっていると言えるのです。

二、小さな矛盾をあげつらう反対牧師

1、「イースター」問題について

反対牧師は、統一教会信者を脱会させようと、文師を嘘つき呼ばわりし、不信感をあおります。反対牧師が文師の批判に集中するのは、統一教会信者を効果的に脱会させようとの思惑からです。

聖書を使った教理批判は、結局のところ、どちらの解釈を信じるのかというところに行き着いてしまうこともあるため、「それでも、私は統一原理を信じる」と統一教会信者が突っぱねると、脱会させるのに時間がかかり、手こずらせることになります。

ところが、「文は〝血分け〟をしている」、「嘘をついている」、「経歴詐称をしている」など、人格批判で説得していけば、より効果的に脱会させられるのです。

2000年前も、ユダヤ教徒がクリスチャンを脱会させる場合、イエスに対する批判を展開しました。

共に神を信じ、旧約聖書を読んでいるため、聖書解釈になれば、２０００年を経た今でも、ユダヤ教とキリスト教の間で論争が収拾できないでいることからも明らかなように、教理論争は泥沼化します。クリスチャンとユダヤ教徒の違う点は、イエスをメシヤと信じるか、信じないかです。したがって、クリスチャンを迫害するユダヤ教徒は、いかにイエスを不信させるかに腐心しました。それは、イエスを不信させることに成功すれば、クリスチャンをより効果的に脱会させられるからです。

ゆえに、初代教会時代、イエスを〝偽メシヤ〟と確信したユダヤ教徒は、「イエスは、母マリヤとローマ兵士パンテラとの間に生まれた私生児であり、いかがわしい人物である」などと、しつこくさまざまな誹謗中傷を行いました（土井正興著『イエス・キリスト』三一書房、９～10ページ）。

また、キリスト教内部で出版された「諸文書」の矛盾点を突けば、脱会させやすかったので、ユダヤ教徒は「キリスト教諸文書は自己矛盾している」（ボーア著『初代教会史』教文館、80ページ）と批判したのです。反対牧師は、２０００年前のユダヤ教徒たちと同様の手法を使って批判し、統一教会信者の脱会説得をしているのです。

その批判の一つが、イースター問題です。文師は１９３５年4月17日、イエスから特別な啓示を受けられましたが、反対牧師は「それは嘘だ」と批判します。

①批判その1――森山牧師の批判の流れ

この点について、森山牧師が『現代日本におけるキリスト教の異端』（以後、『……異端』という）の中で、それは「まっかな嘘だ」と批判しています。もともとこの手の批判は、森山牧師に端を発しています。『……異端』には、次のように書かれています。

「ところで、文氏が、『わたしは16歳の年に宗教体験をして、真理の御霊を受けた』という話はまっかな嘘です。彼は1920年陰暦1月6日、現在朝鮮民主主義人民共和国にある平安北道定州郡徳彦面に生まれ、本名は文龍明と言いました。昭和15年（1940）5月、文が京城商工実務学校の生徒として、先生や同級生と一緒に写した写真がありますが、彼はそのとき数え年21歳で、同校の電気科に学んでいました。

フェリス女子学院大学英文科主任の園部治夫氏が、その写真を私に示して、『この顔は今のとそっくりでしょう。彼はその当時日本本名に改名して、江本竜明と名乗っていました。校長は熱心なクリスチャンの土井山《（ママ）》洋先生（現在福岡市在住、九州電気学校校長代理）であり、私も土井《（ママ）》先生に招かれて京城商工実務学校に勤めました。同校はミッション・スクールではなかったのですが、学校では盛んにキリスト教の集会を持っていました。文の担任教師は吉村晶先生です。しかし、文は当時まだクリスチャンになっておりませんから、『16歳で聖霊を受けた』というのは嘘です。さきごろ私が教え子たちに招かれてソウルに行ったさい、同窓生たちが、『文のやつ、大ホラ吹きになって学校の名折れだ。同窓会から除名せよ』と非難していました』」（112～113ページ）

森山牧師は、園部氏個人の「文は当時まだクリスチャンになっていない」という証言をもとに、16歳のときの宗教体験はあり得なかったと断定しているのですが、それにしても、園部氏はどのようにして文師がクリスチャンでなかったことを知ったのでしょうか？

この批判は事実誤認に基づくものです。なぜなら、文師は京城商工実務学校に入学し、定州からソウルに移り住んだとき、平壌に本拠地を置く朝鮮イエス教会に所属する、ソウルの明水台教会に足しげく通っていたからです。そのころすでに文師が熱心に信仰している事実は、その教会の権徳八伝道師とともに聖書研究をしている写真、日曜学校の子供たちと礼拝堂前で撮った写真、京城商工実務学校を卒業するとき、明水台教会の卒業生と一緒に撮った写真などを見れば分かります（参考：武田吉郎著『聖地定州』光言社、158～173ページ）。

②批判その2――出版物相互間の食い違い

1980年代後半から、「啓示を受けたとされる日はイースターではない」とか、あるいは、「統一教会の出版物に記載された年月日が食い違っている」など、違ったかたちでの批判が始まりました。この批判によって、多くの統一教会信者が信仰をぐらつかせたようです。

反対牧師の説得で脱会した山﨑浩子さんは、「その日はイースターではなかった」とショックを受け、文師を不信し、次のように述べています。

「文鮮明師は、1935年4月17日のイースターの時、イエスの霊が現れ、『私のやり残したことをすべて成し遂げてほしい』と啓示を受けた――というふうに私たちは教えられてきた。

しかし、その日はイースターではない。全キリスト教では、春分の日が来て満月の夜があって、そこから初めての日曜日をイースターとしている。その年の4月17日は日曜日ではなかった。

反対派がそれを指摘すると、それは統一教会が決めたイースターなのだという。まだ統一教会など形も何もなかった時代に、統一教会がイースターを決めるのも変な話だ。それ以来、統一教会では毎年4月17日をイースターとしているらしい。また、最近の講義においては、〝イースターの時〟という補足は削除されているようだ」（『愛が偽りに終わるとき』195～196ページ）

確かに、山﨑浩子さんが言うように、1935年4月17日は日曜日ではなく、受難週の水曜日に当たっています。（注、1935年のイースターは4月21日）しかし、その日が、現在のキリスト教で祝うイースターではないからといって、文師が嘘をついているということにはなりません。

1978年10月14日に韓国で出版された『統一教会史』（成和社）には、次のように記されています。

「先生が（数え年で）十六歳になられた年の復活節、（1935年）4月17日のことであった。この日が本当の復活節であるということも、このとき先生は初めてお分かりになった。それは霊的にイエス様に会われたなかで、初めてあかされたからである。今日、一般のキリスト教で守っている復活節（イースター）記念日は年ごとに異なっている。それはイエス様が亡くなられた日が分からず、復活日も調べようがなく、西暦325年、ニケア公会議において『春分後、初めて迎える満月直後の日曜日を復活節として守ろう』と規定したためであった」

つまり、キリスト教自体、イースターがいつなのか分からず、明確でない時代がしばらくあって、AD325年の会議によって決めたのが、現在、キリスト教で祝われているイースターなのです。ゆえに、キリスト教で祝っているイースターは、正確なイエスの復活日かどうかハッキリしないのです。

文師はイエスから「4月17日が本当のイースターである」と知らされたのです。その内容が日本に正確に伝わらなかったために「イースター問題」となったのです。

いろいろな統一教会関係の出版物を調べてみると、反対派がその矛盾をあげつらって指摘しているとおり、出版物相互間に大小さまざまな食い違いがありました。

例えば、1978年に発行された統一教会紹介パンフレット「明日をひらく」には、「1936年4月17日16歳の復活祭の朝にイエス様が現れ」とあり、1988年発行の統一運動紹介パンフレット「世界平和への新しいビジョン」には「1936年のイースターの朝」とあり、1988年11月21日発行の『先駆者の道』（光言社）には「1935年4月17日、イースターの朝、文先生は、重要な啓示を受けました」（14ページ）、1989年

6月4日発行の『文鮮明師とダンベリーの真実』（光言社）には「1936年4月17日日曜日、復活祭（イースター）の日に……」（136ページ）となっています。

どうして、こういう食い違いが生じたのでしょうか？　それは、啓示に関する情報が日本に伝わる際、断片的に伝えられたり、あるいは勘違いして受け取ったり、さらには、韓国と日本の風習の違いの問題も、そこに絡んでいたのです。

例えば、「文師が16歳のとき啓示を受けられた」と伝え聞いた人が、韓国社会では、通常〝数え〟で年齢を数えていることに無知であった場合、単純に生年の1920年に16を足して「1936年」としてしまったり、あるいは「文師が啓示を受けた4月17日こそ、本当のイースターだった」という内容が微妙に変化して、「文師は4月17日のイースターに、啓示を受けた」と伝聞されてしまったり、という具合にです。そして十分に確認しないまま、そこに「日曜日」という補足まで入れてしまったのです。

このようにして、情報に食い違いが生じてしまったのでした。その情報の食い違いを反対派があげつらい、監禁現場での脱会説得の材料の一つに利用（悪用？）するようになったのが、「イースター問題」の真相なのです。

初代教会時代においても、福音書をはじめ新約諸文書間に矛盾があり（注：新約聖書の4つの福音書間にも矛盾がある）、それをユダヤ教側が「キリスト教諸文書は自己矛盾している」と批判しましたが、反対牧師の行為は、それと同じなのです。

2、「学歴詐称」批判の真相

反対牧師は、「文は学歴詐称をしている」と批判します。この〝学歴詐称〟の批判には大きく2つの流れがあります。

①批判その1——森山諭牧師の批判の流れ

一つの流れは、森山牧師の批判で、早稲田大学……云々を論ずる以前に、文師の日本留学それ自体が怪しいというものです。

森山牧師著『原理福音統一協会のまちがい』(ニューライフ出版)には、次のように書かれています。

「統一協会の資料では、彼は1939(昭和14)年に、釜山から日本に渡り、早大で学んだことになっています。1945年、日本が敗戦。韓国が独立した年に帰国したと言いますが、その前の44年、彼を世話した下宿屋から、悲しい葬儀が出たと伝えます。それは、その下宿屋の美しい娘が大先生に恋していたが、ある時、大先生に扮した男がその美しい娘さんをだまして貞操を奪った。純情なこの美女が大先生に申しわけないとして自殺した。この悲しい事件を通して、大先生は、エバに対するへびの誘惑が、姦淫の罪だと知った（「播植十年―早稲田十年の歩み」62ページ）とします。『この生々しい事件が、彼をして日本への復讐心を抱かせた動機でしょう』、と統一協会を批判するジャーナリストが証言するから、『それはウソです』と語ったところ、『いや、その下宿屋のおばさんがG県に住んでおり、今も文氏から時々手紙や贈物があるので、〝さすが文さんだ〟と賞めているそうです』と言います。私は、『早大で学んでいたというその期間、京城商工実務学校にいるのだから、日本におれるはずがない』と断言しました。あとでそのジャーナリストから、『調べて見たら、やはりウソでした』と伝えてきましたが、この失恋自殺事件は、お涙頂戴のメロドラマにしても、お粗末すぎます」（10～11ページ）

森山牧師は、統一教会の資料の中に、「1938年に日本に留学したとある」としていますが、例によって、この情報の出所を明確にしていません。

確かに森山牧師のいうように、かつて統一教会内では、非公式的に、1938年説、1939年説、1941年説の3種類の説が流布されていたようです。

しかし、森山牧師がこの批判書の改訂三版を出した1985年時点では、すでに統一教会の見解は1941年に統一されており、ジャーナリスト那須聖氏が統一教会について取材し、1984年に出版した『救世主現わる』（善本社）にも、1941年春とされています（37ページ）。

森山牧師は、そのことを十分に調べもしないまま、ただ文師が1941年3月に撮った京城商工高等学校の卒業写真があるという理由で、即、文師の日本留学自体が疑わしいと、勝手に決めつけているのです。

しかし、日本に留学した事実は、当時、文師に下宿を提供した三橋孝蔵夫妻が証言しておられます。三橋氏はその後、何度か文師と手紙のやりとりをしています。また、1997年5月29日には、文師の日本留学時代の写真が見つかっています（1997年7月号「ファミリー」93ページ）。

現在は、森山牧師の流れをくむ批判は、全く聞かれなくなっています。なお、森山牧師は、文師が「終戦の年」に帰国したとしていますが、この情報も間違っており、正しくは1943年10月です。

②批判その2——茶本繁正氏の批判の流れ

もう一つの批判は、１９７7年8月10日出版の茶本繁正著『原理運動の研究』（晩聲社）に端を発する批判の流れで、それは、統一教会関連の出版物に書かれている内容の事実関係を調べようと、早稲田大学の学籍課で調べたが、早稲田大学には文師と思われる人物名が見当たらず、その裏付けを取れなかったというものです（63～65ページ）。

山﨑浩子さんが脱会説得を受けたとき、この茶本氏の流れの批判の影響を受けたようで、著書『愛が偽りに終る時』には次のように書かれています。

「文師の学歴だって、『早稲田大学理工学部電気工学科卒』となっていたり、『早稲田大学附属早稲田高等工学校電気工学科卒（現在の早稲田大学理工学部）』となっていたり、（　）内の注釈がとれていたりと、語られる年代、講師によって様々だ。（　）内の注釈がとれたものが本当の学歴らしく、最近はそう言っているが、もちろん早稲田大学の理工学部とは何の関係もない。

別に私は、メシアは大学出じゃなくていいと思う。むしろ学歴なんか関係ないと思う。ただ、最初は大学出のような顔をして、卒業生名簿などを調べられ、ウソがつけなくなってくると、知らぬ間に経歴を変えていく。そのウソのつき方があまりにも滑稽でバカバカしかった。

メシアである文師の学歴は問わずとも、どんな経歴をたどってきたかは重要なことだ。メシアがどんな家に生まれ、どんな環境に育ち、どういう出会いがあってここに至るのかは『主の路程』として語り伝えられ、それだからこうなのだと結論づけられているのだから、それぐらい正確にしてほしいものだと思った。関係者の聞き間違いですまされるものではない。〝誰か〟がウソをつかなければ、この経歴詐称が生まれるはずはない」(196〜197ページ)

確かに、山﨑さんの言うように、主要な統一教会関連の出版物を読み比べてみると、そこに食い違いがあります。

例えば、1970年代前半に読まれていた野村健二著『血と汗と涙』には、「1939年19歳の折、もはや青年になられた文先生は、大学にはいるため、はじめて日本本土に渡られることになった。……日本本土に渡った文青年にとって、この1939年から1945年までの6年間は、イエス様から託された神の使命に向かって公的にあゆみ出すためのすべての準備を整える重要な期間であった。……(文先生は)早稲田大学の電気工学科に進まれたと伝えられる」(17〜21ページ)とあり、1988年11月21日発行の『先駆者の道』(光言社)には、「文先生は、日本の早稲田大学附属早稲田高等工学校電気科で勉強を続けました」（16ページ）とあり、さらに、１９８９年６月４日発行の『文鮮明師とダンベリーの真実』（光言社）には、「東京の早稲田大学で電気工学を学びました」（１３６ページ）とあります。

文師が入学されたのは、「早稲田大学附属早稲田高等工学校電気工学科」というのが正しく、統一教会の月刊機関誌「ファミリー」では、次のように説明しています。

「文先生が……学ばれた期間は、１９４１年４月から１９４３年９月である。同校は夜間学校で、授業は午後６時から９時半まで行われた。授業の内容は、電気に関する専門的なものが多い。同校は１９２８年に創立され、１９５１年に閉校した。……文先生がおられたときの修学年限は３年間であったが、戦争のため６か月繰り上げ卒業となった」（１９９７年７月号「ファミリー」93ページ）

この食い違いの問題に対して、山﨑浩子さんは「〝誰か〟がウソをつかなければ、この経歴詐称が生まれるはずはない」と断定します。

しかし、果たして、統一教会関係者が意図的に〝嘘をつこう〟としていたのでしょうか、それとも、何か他の理由によるものなのでしょうか。それを見極めることは、とても重要なことです。

日本統一教会が創立されてから20年にも満たない１９７０代は、組織も十分に整備されていない頃であり、さまざまな伝承が語られ、情報が混乱することは十分あり得たことです。

特に、この文師の留学問題については、まず、文師が日本名を使っておられたこと、早稲田大学附属早稲田高等工学校が閉校されてから久しくなっていたことなどから、その事実関係を調べることが極めて困難だったと推察されます。事実、茶本繁正氏も調べきれなかったのです。

ですから、誰からか「早稲田大学附属……云々だった」と伝え聞いたとき、その裏付けが取れないなかで、〝附属〟という言葉の意味を十分理解できない人の場合、「どうやら早稲田大学の、何とか学部だったらしい」という情報に変貌してしまうことは十分あり得ました。そういう事情から、不幸にして起こった問題だったと言えるでしょう。

もし統一教会関係者に「嘘をつこう」という意図があったなら、むしろこのように情報が混乱すること自体、不自然なことと言えます。

事実、１９７９年6月25日発刊のＦ・ソンターク著『文鮮明と統一教会』（世界日報社）には、留学問題に関して「１９３８年、彼は電子工学を学ぶべく、日本に留学した」と１

18ページにあるにもかかわらず、その前のページに掲載された韓国の学生時代の写真説明文には、1941年2月27日撮影とあります。1941年2月、いまだ韓国で就学しておられた文師が、どうして1938年に日本へ留学しているのでしょうか？

ページを前後し、こういう初歩的ミスが起こってしまった背景には、本文を書いたソンターク氏は、文師が韓国の学校を卒業したのは18歳と推定し、「留学は1938年」と単純に思い込んでいた統一教会メンバーからその情報を入手して著述し、一方、前ページの写真の説明文は、著者とは違う別の人物が挿入したからだと思われます。

このような本が出回っていたこと自体、統一教会が嘘をつこうとしていたのではなく、当時、教会内で情報が混乱していたことを如実に物語っています。もしそれを「悪意」と言うなら、福音書に書かれたイエスの生涯の記述も、相互矛盾が数多くあることから、「イエスやクリスチャンは人をだまそうと経歴を偽っている」という批判も成り立つでしょう。

〈福音書の相互矛盾の問題については、拙著『「原理講論」に対する補足説明』（広和）の40～69ページを参照〉

それにしても、このような記述の矛盾をあげつらうことで、さも文師や統一教会が意図的に「学歴詐称」をしていたと、山﨑さんに信じ込ませることに成功した反対派の話術に〝狡猾さ〟を感じます。

なお、このような無益な混乱が起こらないためにも、『日本統一運動史』など、日本歴史編纂委員会による公式的な出版物を学ぶことをお勧めします。

3、韓国「中央日報」に掲載された写真をめぐって

反対牧師が、脱会説得に使用する資料の一つに、文師が朴正華氏を背負って海を渡っておられる場面と信じられていた写真があります。

朴氏は、文師が北朝鮮の興南監獄（徳里特別労務者収容所）で苦役されているとき、夢に現れた老人の導きもあって、文師を再臨主と信じ、弟子になった人です。

１９５０年10月14日、文師は国連軍による爆撃で解放され、平壌の弟子のもとを訪ねられます。そのころ、朴氏は足を骨折しており、平壌市内に避難命令が出されたとき、足手まといになるとして家族に置き去りにされていました。そんな朴氏を、文師は見捨てずに救い出されたのです。

１９５０年12月、文師は足の不自由な朴氏を自転車に乗せ、金元弼氏とともに釜山を目指して南下しました。その途中、龍媒島という島から仁川に直行する船が出ていることを

知って、朴氏を背負って浅瀬になった海を渡られたのでした。

反対牧師が批判する写真は、もともと韓国の「中央日報」に連載された李承晩大統領夫人の回顧録に出ていたもので、その写真は朴氏を背負って海を渡られる文師を彷彿させるものでした（83年10月24日付「中央日報」）。

１９８４年５月９日、来日した朴正華氏は、東京の本部教会で「この写真は私と文先生です」と証言しました。その後、名古屋、宝塚、九州などを巡回し、同じように証言したのです。当事者の証言であったことから、当然、多くの人々は全く疑うことなく、それを「文師と朴氏の写真」として受け入れたのです。しかし、その後、写真は文師と朴氏でないことが判明しました。

発見当初、文師と信じられた写真。その後誤りと判明した

写真が見つかり、朴氏が来日した１９８４年当時は、文師がアメリカの裁判でダンベリー収

監が確定されるかどうかの時期であり、文興進様が昇華されてから数か月後でした。この写真の発見が、どれほど統一教会信者を慰め、励ましたことでしょうか。瞬く間に、その情報は統一教会全体に伝わったのです。

反対牧師は、監禁場所で、その写真を統一教会信者に見せながら、「これは文鮮明ではない。文は嘘をついている」と批判します。しかし、これは文師が嘘をついたのでも、統一教会がだまそうとしたのでもありません。写真の雰囲気があまりにも似ていたこと、および当事者の証言もあったため、そう信じられるようになったのです。

たとえ、この写真が文師と朴氏でなかったとしても、文師が足の不自由な朴氏を見捨てずに南下された事実が否定されるわけではありません。足を骨折していた朴氏が、南にたどり着いたのは事実です。

ところで、イエスの遺体を包んだとされるイタリアのトリノの聖骸布《せいがいふ》も、その真贋《しんがん》のほどが取りざたされ、ある人は「偽物だ」と批判します。しかし、万一、聖骸布が偽物であったとしても、それでイエスが十字架で亡くなった事実そのものが否定されるわけではないのです。写真の問題は、それと同じであると言えるでしょう。

「文鮮明を不信させよう！」と意気込む反対牧師の姿は、まさに２０００年前のユダヤ教徒がクリスチャン迫害に取り組んだのと同じ姿勢であると言えます。

三、『原理講論』に対する批判

1、〝揚げ足とり〟の批判に終始する反対牧師

不信感をあおろうとする反対牧師の悪意ある批判は、さらに統一教会の教理解説書『原理講論』にも向けられます。

『原理講論』に含まれる〝記述ミス〟、〝聖句の引用問題〟、〝削除や補足による変更〟など、言葉をあげつらって、「原理講論は真理ではない」と批判するのです。しかし、そのほとんどは、「表現上の完成度レベル」の問題にすぎず、『原理講論』が論じている思想の本質に迫る批判は、ほとんどありません。

〈『原理講論』の「表現上の完成度レベル」の問題に関する批判への反論については、拙著『「原理講論」に対する補足説明』（広和、165～315ページ）を参照〉

さて、反対牧師とのやりとりについて、山﨑浩子さんは次のように記しています。

「あなたは、統一原理を真理として信じているんですか」
「はい」
「真理とは、ぐらぐらしない、動かないものという意味ですね」
「はい」
「そしたら、統一原理が本当に真理であるのか一緒に検証していきましょう」
「はい」

（『愛が偽りに終わるとき』１９０ページ）

以上のようなやりとりを統一教会信者とした上で、反対牧師は『原理講論』について、編集上、出版過程で生じた削除や付加など、さまざまな変更が加えられている点、および聖句の引用問題などを取り上げて、揚げ足取りのような批判を展開するのです。

しかし、キリスト教が長い間、正典としている旧約聖書や新約聖書（特に、福音書相互間）にも、大小さまざまな食い違い、および削除や付加が多数存在しています。

反対牧師は、聖書にも同様の問題点がある事実はひた隠し、統一教会信者に教えようとしません。そういう意味で、反対牧師は自らのことは棚に上げ、人の欠点だけをあげつらう、偽善者と言わざるを得ません。

例えば、旧約聖書にはイスラエルの歴史的著述が盛り込まれていますが、それらを歴史的事実と比較した場合、数多くの矛盾があります。さらに、旧約聖書の各書を相互比較して検証しても、そこに数多くの矛盾がある（特にサムエル記と列王紀および歴代志）ことが分かります。

日本基督教団出版局編集『聖書学方法論』に収録された、小泉達人著「正典論と聖書学（旧約）」には、次のように書かれています。

「聖書をありのままに、また一つの全体として読もうとする時、私たちが突き当たる大きな困難がある。それは聖書の中の矛盾の問題である。周知のように聖書の中には、同じ一つの問題について全く相反する別々の主張がなされている場合が数限りなくある。聖書を全体としてみず、単なる資料の集合体としてみるならば、こうしたことは全く問題にならない。人が違い、時が違っては、いろいろ違った立場のあることが当然であるからである。しかし聖書を一つの全体として読もうとする時、こうした矛盾はただ放置してはすまされなくなる」（212～213ページ）

「人によって書かれ、人によって結集された聖書は、摂理の働きによるとはいえやはり現実には多くの過ちや欠点を有しているのではなかろうか。極端ないい方をすれば聖書は欠陥正典であるといえる。当然入るべき書物も脱落しておろうし、問題の書物も入っており、またその中にはいろいろの過誤や疑念の余地ある発言も少なくない」（218ページ）

旧約聖書にまつわる問題点をさらに挙げれば、ヘブライ語聖書（マソラ・テキスト）と、ギリシャ語に訳された七十人訳聖書（セプチュアギント）との間に、大小さまざまな食い違いが多数あることです。

例えば、創世記5章において、洪水前の太祖たちの年齢が両者間で大きく食い違っています。J・C・ヴァンダーカム著『死海文書のすべて』（青土社）は、次のように述べています。

「これらの太祖（アダム～ノア～アブラハムのこと）の年齢をヘブル語版とギリシア語版で与えられている最初の息子が誕生した時点で比較すれば、ギリシア語版はしばしばヘブル語版よりも大きな年齢、大概の場合は100歳以上も多く与えている。その結果、マソラ・テクストは洪水前の期間を1656年とし、七十人訳は2242年としている（他のテクスト伝承では、わずか1307年である）。この種の例をもう少しあげる。たとえば、ギリシア語版は、ヘブル語テクストと比較すれば、アダムとアブラハムの間に一世代余計に置いており（創世記10・24および11・12には、ケナンが挿入されている）……

その大小に関わらず、2つの版の間に認められるこれらの多くの相違から惹起《じゃっき》されるひとつの自然な問いは、どちらのテクストが（創世記の）原本により近いのか、ヘブル語版なのかそれともギリシア語版なのか、である。人は当然ヘブル語版だとするだろう。何しろ、ヘブル語が旧約聖書のほとんどの文書の原語だからである（ダニエル書とエズラ記の一部はアラム語で書かれている）。そして実際のところ、ギリシア語版の読み方が明らかに優れていても、ヘブル語版の読みがしばしば優先される傾向があるのである。だが、ヘブル語版の方が概して優れていると言ったところで、ギリシア語版（やヘブル語版）に見られる違いを引き起こした資料の問題は依然として未解決のままで残される。翻訳者は誤りを犯したのだろうか？　それとも、何かの理由でより優れた読みと思われるものをつくりだしたのだろうか（その者は自分が翻訳しているテクストが意味をなさないと考えて、自分でそれを『正した』のだろうか）？　後の時代の筆写生がテクストを誤読したり写し間違いをしたのだろうか？　翻訳者は自分の前に、マソラ・テクストとは少しばかり違うヘブル語のテクストを置いていたのだろうか？」（226〜227ページ）

新約聖書は、旧約聖書の聖句を引用する場合、イエス当時、初代教会内で広く流布されていたギリシャ語のテクスト（七十人訳）のほうを優先して引用しました。

そのため、ルカによる福音書の系図を見ると、そこに「カイナン（ケナン）」の名前がある（ルカ伝3・36）にもかかわらず、現在、キリスト教会で使用されている旧約聖書の創世記11・12には、カイナン（ケナン）の名前がないという矛盾が生じています。それ以外にも、数多くの矛盾点が、新約聖書と旧約聖書の間に存在しているのです。

次に、新約聖書（特に、四福音書）自体の矛盾について、田川建三著『原始キリスト教史の一断面』（勁草書房）は、次のように述べています。


「始めは誰もが、四福音書の記述はそのままに史的イエスを再現していると考えた。だから四福音書の記事を合計すればそれが直ちに史的イエス像となると考えた。ここから生れるのが、普通『四福音書の調和』と呼ばれる作業である。調和というより、文字通り合計と言った方が正鵠《せいこく》を得ているかもしれない。単純に、あちらの福音書の文句、こちらの福音書の文句をつぎはぎして寄木細工をこしらえていく。各福音書が互いに相違する場合には、一つの事柄の異った側面、などと言って説明できたつもりになる。同じ富士山でも南から見れば中腹に突起があり、北から見れば実に端正である。どちらが正しい富士山というのではなく、両者相まって正しい富士山だとわかるのと同じだ、というわけである。このような『調和』の努力は、近代聖書学以前から、すでに古代教会以来いろいろとなされてきた努力である。しかし、一度批判的な分析が始れば、このような幼稚な作業は放棄される。各福音書間の記述の矛盾はとても調和に耐えられるようなものではないからである。甲斐の富士も駿河の富士も富士には違いない。しかし、同じイエスが過越の日（ヨハネ伝）と過越の翌日（マルコ伝）と二度死ぬわけにはいかないし、『安息日は人間のためにある』（マルコ2・27）という言葉をイエスが語ったのも（マルコ）、語らなかったのも（マタイ、ルカ）真実である、というわけにはいかないのである」（9～10ページ）

実際、田川氏が言うように、4つの福音書を総合して一つの「イエス伝」を書き表そうとしても、矛盾の多さゆえに、それは不可能であることが明確になっているのです（マックナイト著『様式史とは何か』ヨルダン社、70ページ）。

この福音書相互間の矛盾、および聖書全体に矛盾があることを知るとき、現在の統一教会内に食い違う伝承が存在している事実は、初代教会時代のキリスト教と似通った状況にあることを感じさせます。

また、一般的な傾向として、多くの人は次のように考えます。

――現代キリスト教だからこそ、カトリック、プロテスタント、ギリシャ正教、聖公会などの多様性があり、さらにカトリックとプロテスタントが使用する聖書が食い違っている（注、カトリックが「第二正典」とする文書をプロテスタントは認めない。新共同訳聖書の「続編」がそれに当たる）という多様性を帯びているのであって、歴史をさかのぼって、イエスの時代に近づけば近づくほど、信仰内容、伝承内容、聖書の正典などは「一致している」に違いない、と。——

ところが、歴史的事実は全く正反対です。その点について、ペイゲルス著『ナグ・ハマディ写本』（白水社）は、次のように述べています。

「現代のキリスト教は、確かに多様で複雑ではあるが、実際には、一、二世紀のキリスト教会よりも統一性があるといえるかもしれない。というのは……聖書の正典、信条、制度上の組織が、いずれも現在の形で現出したのは、ようやく二世紀の末になってのことであった。それ以前には、エイレナイオス（１３０頃～２００頃）その他が証言しているように、無数の福音書がさまざまなキリスト教集団に流布していた。それは、新約聖書のマタイ、マルコ、ルカ、ヨハネの福音書から、『トマス福音書』『ピリポ福音書』『真理の福音書』のような諸文書にまで及び、また、イエスあるいはその弟子たちに帰された他の多くの秘教、神話、詩にわたっていた。……キリスト教徒と自認していた人々は、多様な——

そして、根本的に異なる――宗教的信仰と儀礼を守っていた」（20～21ページ）

実際、キリスト教は、教理論争の収拾、信条の制定、および聖書の正典編纂など、統一的見解を出すため、何度も公会議を行ってきたのです。

そのような事実から見て、初代キリスト教会には、食い違う解釈や見解、および伝承が、統一教会の草創期、開拓期のときと同様に、さまざまに流布され、情報の混乱があったのは間違いないことです。

草創期においては、そのようなことが起こり得るという、歴史的事実を加味しないまま、統一教会だけが「嘘をつこうとしている」と批判するのは、その基本姿勢からして間違っていると言わざるを得ません。

前述したとおり、もし統一教会の出版物相互間に食い違いがあるからといって、即、「文師は大嘘つき」とか、「統一教会は人をだまそうとしている」というなら、キリスト教初期に書かれた福音書のイエスの生涯にも食い違いがあるため、「イエスは大嘘つきだ」「キリスト教は人をだまそうとしている」という批判も、同様に成り立つのです。

2、翻訳の問題、聖句の引用問題、記述ミスなどについて

反対牧師は、脱会説得の際に、『原理講論』は真理ではないと批判します。彼らは、「韓国語の原典にはあるのに、日本語訳で削除した部分があり、改訂版では修正した所もある。真理は永遠不変なのに、変更すること自体、『原理講論』が真理ではない証拠だ」と批判するのです。まさに、反対牧師が山﨑浩子さんに問いかけた批判内容です。

確かに、一時期『原理講論』にカットされた箇所があったのは事実です。しかし、それは宣教上の配慮からであり、また、再臨論には、類似した聖句引用箇所があったため、いわゆる「目飛び現象」による欠落部分がありました。

さらに、翻訳の未熟さから引き起こされた問題もあります。例えば、日本語版『原理講論』23ページで、韓国語版では「一つの目的」とあるのが「神の目的」に誤訳される、といったようにです。

実は、類似した問題が、新約聖書の成立過程にもありました。ゆえに、それをもって統一教会が不誠実であり、『原理講論』が真理ではないと言うなら、キリスト教も不誠実な宗教であり、新約聖書は真理ではないとの批判が、同様に成り立つことでしょう。

実際、キリスト教の正典である「新約聖書」の編纂過程を調べると、『原理講論』と同

じ事情が、そこに横たわっている歴史的経緯があります。
例えば、新約聖書の原典は、もともとギリシャ語ですが、ラテン語に翻訳された聖書は、すでに4世紀の時点で、写本ごとに食い違っていると言われるほど混乱しており、ついにAD381年、教皇ダマスス一世が、ヒエロニムス（347～419年）にラテン語聖書の校訂を命じざるを得なかったほどでした。そのことについて、和田幹男著『私たちにとって聖書とは何なのか』（女子パウロ会）は、次のように述べています。

「（ヒエロニムスは）381年教皇ダマススに呼ばれて、ローマに戻った。その翌年ローマ会議が開かれたが、教皇は彼とその才能を受洗のときから知っており、その彼を秘書として用いた。その会議のあと、教皇は彼にラテン語訳聖書を校訂するように委任した。当時流布していた聖書（古ラテン語訳聖書ないしイタラと言われている）は、写本ごとに聖書の本文が異なっていたと言われるほど乱れていたのである。これでは聖書に基づいて教義を明らかにすることはできなかった。ヒエロニムスは、ギリシア語聖書の優れた写本を選び、これに基づいてまず四福音書を校訂した。続いて、新約の他の書についても校訂したらしい」（154～155ページ）

なお、原典であるギリシャ語聖書そのものも大変混乱しており、現代においてさえ、真の原典を復元するための努力として「本文批評」が研究され続けています。その最新の研究成果に基づいて出版されるネストレ＝アーラントのギリシャ語聖書は、いまや28版を数えようとしています。その新約聖書には、数多くの写本の〝異読〟が欄外の註（脚注）として記載されています。それを見ればギリシャ語原典の写本が、いかに乱れていたのかがよく分かります。

〈本文批評については、拙著『「原理講論」に対する補足説明』（広和）の13～16ページを参照〉

また、新約聖書で、宣教上の配慮から一時期、削除されたと考えられる箇所として、ヨハネによる福音書8章の「姦淫の女」の話があります。この話は、本来ルカによる福音書21章38節に続く話だったものが、初代教会時代に「誤解されやすい」との判断から削除され、後にヨハネによる福音書に挿入されたと考えられています。

井上洋治氏は『イエスをめぐる女性たち』（彌生書房）で次のように述べています。

「『ヨハネによる福音書』7章53節から8章11節にかけては、『姦通の女性』の物語がのせられている。もっともこの物語は、大部分の学者たちによって、もともとは『ヨハネによる福音書』にあったものではなくて、後代の加筆であると考えられている。『新共同訳聖書』で、この箇所が括弧でくくられているのはそのためである。

この箇所が後代の加筆であると考えられている主な理由としては、『朝早く』『オリーブ山』『律法学者たちやファリサイ派の人々』といったような用語の使い方や全体の文体が、ヨハネ的ではなくむしろ『共観福音書』、特にルカ的であるということ、『ヨハネによる福音書』で7章14節から続いている仮庵祭での論争がこの物語の挿入で突如中断されていること、また主要なギリシア語写本にはこの箇所が欠落していることなどがあげられている。

したがってこの箇所が、以上の理由から、後代の加筆であることは殆《ほとん》ど確かなように思われるが、しかし私は、この箇所はもともと『ルカによる福音書』にあったものが削除され、後に『ヨハネによる福音書』にいま一度挿入されたのだという説に賛同したいと思う。というのは、この箇所の用語、文体がルカに近いということもさることながら、『ルカによる福音書』を21章から22章にかけて丁寧に読んでみれば、21章の37、38節の2節だけが、全く前後と関係なく唐突にそこに挿入されているという感を否定しえないからである。38節の後に続く一つの物語が削除されていると考えれば、あきらかに納得のいく前後関係なのである。

問題は、それでは何故この物語が『ルカによる福音書』から削除されたのか、ということであるが、それはおそらくこの物語が、規律と道徳の向上を必要として、姦通者に対しては厳しい償いを課していた当時の教会としては、あまりにも誤解を招きやすい物語と判断したからであろう。しかし後になってやや状況が変わるにつれ、この物語が実によくイエスの悲愛の姿勢を表しているということから、いま一度『ヨハネによる福音書』に挿入されることとなったのであろう」（39〜41ページ）

さらに、日本聖書協会発行の「新共同訳聖書」を見れば、各福音書の次の箇所が欠落しているのが分かります。

マタイでは、17章21節、18章11節、23章14節。

マルコでは、7章16節、9章44節と46節、11章26節、15章28節（また、マルコの異なる「結びの文」16章が、2種類記載されている）。

ルカでは、17章36節、23章17節。

ヨハネでは、5章3b〜4節。

ゆえに、各福音書の末尾部には、わざわざ別の写本からの〝補足文〟が加えられるという問題が生じています。

また、マタイによる福音書について言えば、14章3節「ヘロデは先に、自分の兄弟ピリポの妻ヘロデヤのことで」という中の、ピリポという名前が間違っているため、5世紀頃の後期筆記者（ベザ写本）は、その名を削除したりしているのです（参考：『ＮＴＤ新約聖書註解１』１８０ページ）。

また、旧約聖書に関して言えば、死海文書の発見によって、旧約聖書のテキストが正確に伝承されず、欠落した箇所があったことが判明しています。

例えば、従来のテキストと死海文書を比較すれば、サムエル記上10章の末尾部に、かなりの欠落部分があることが分かったため、「新改訂標準版（ＮＲＳＶ）」の聖書は、その欠落部分を大幅に補足しています（参考：Ｊ・Ｃ・ヴァンダーカム著『死海文書のすべて』青土社、２３６~２３８ページ）。

さらに、翻訳の問題について言えば、日本語訳聖書において、口語訳、新改訳、新共同訳、バルバロ訳、フランシスコ会訳など、数多くの種類の聖書が出版されていますが、それらの諸訳間で、食い違いが数多くあります。その代表的な箇所を幾つか挙げます。

コリント人への第一の手紙7章21節が、口語訳聖書では「召されたとき奴隷であっても、それを気にしないがよい。しかし、もし自由の身になりうるなら、むしろ自由になりなさい」となっているのに対し、新共同訳聖書は「召されたときに奴隷であった人も、そのことを気にしてはいけません。自由の身になることができるとしても、むしろそのままでいなさい」と、全く正反対に訳されています。

また、同13章3節が、口語訳聖書では「自分のからだを焼かれるために渡しても、もし愛がなければ、いっさいは無益である」となっているのに対し、新共同訳聖書は「誇ろうとしてわが身を死に引き渡そうとも、愛がなければ、わたしに何の益もない」となっています。

さらに、マタイ伝5章28節が、口語訳聖書の「情欲をいだいて女をみる者は、心の中ですでに姦淫をしたのである」に対して、新共同訳聖書は「みだらな思いで他人の妻を見る者はだれでも、既に心の中でその女を犯したのである」となっており、同6章28節が、口語訳聖書の「野の花が……」に対し、新改訳聖書は「野のゆりが……」となっており、また、旧約聖書のネヘミヤ記7章が、口語訳聖書や新改訳聖書との間で、かなり食い違っています。

その他、各訳の聖書間に、さまざまな食い違いが多数存在しています。この日本語訳聖書の翻訳問題については、田川建三著『書物としての新約聖書』（勁草書房）の616～696ページに詳しく取り上げられており、大変参考になります。

また、脱会説得に当たる反対牧師の中には、統一教会関連の出版物には誤植が多く、『原理講論』にさえ誤植がある（例えば476ページの「王国」が「立場」になっていた）

が、それは〝恥である〟と批判する人もいます。

しかし、日本聖書協会発行の口語訳聖書は、創世記47章1節の「ゴセン」が「コセン」になっていましたし、また、ヨシュア記7章17～18節の「ザブデ」が「ザブテ」になっており、その誤植が30年近くも放置されていたという事実がありました。

このように、聖書それ自体が、いろいろな諸事情を抱えながら、今日まで伝えられてきたのです。キリスト教初期の時代には、書き換え、書き足し、あるいは削除といったことまでが行われ、時代や環境とともに変遷してきているのです。反対牧師は、そのような事実については、統一教会信者に教えようとしません。

山﨑浩子さんを脱会説得する際に、『原理講論』を批判した反対牧師は、「真理とは、ぐらぐらしない、動かないものという意味ですね」と定義し、ぐらぐらし、動いている『原理講論』は真理ではない、と批判しているのですが、その観点から言えば、「聖書も真理ではない」ということになってしまいます。

聖書の問題点は棚に上げて、統一教会批判に躍起になる反対牧師には、不誠実さを感じざるを得ません。

3、聖書の聖句引用問題をめぐって

ユダヤ教側から追及されざるを得ない「旧約聖書からの聖句の引用問題」が、新約聖書にもあり、基盤のなかった草創期の初代教会の人たちは、当時、圧倒的な基盤を誇っていたユダヤ教徒らから、「あまりにもいいかげんな聖書の引用、ねじ曲げ……」と非難されざるを得ない状況にありました。

この新約聖書が抱えている「聖句の引用問題」について、出村彰・宮谷宣史編『聖書解釈の歴史』（日本基督教団出版局）で、橋本滋男氏（同志社大学神学部教授）は次のように述べています。

「福音書における旧約句の利用は、上述のようにユダヤ教と共通する解釈が意識的な検討なしに採り入れられており、しかもそれらは伝承の諸段階で一貫していたわけでもない。また旧約引用の基本目的は、イエスの事件が人間にとって決定的な救済の事件であり、旧約の言葉の成就であることを示すところにあるが、それはあくまでもイエスを救い主と信じる信仰を前提にし、その立場からなされる旧約解釈であって、逆に旧約を深く読めば自ずとキリスト教信仰に到達するというのではない。したがってケリュグマの正当性を弁証

するための旧約引用であるにもかかわらず、具体的には矛盾や問題を孕む箇所が見い出されるのである」（67ページ）

さらに、橋本滋男氏は、『新共同訳・新約聖書注解Ⅰ』（日本基督教団出版局）の「マタイ伝注解」でも、次のように述べています。

「彼（マタイ伝記者）は自らの神学の根拠づけのために旧約を利用しながらもそれに拘束されず、適当に変更を加えている。つまり彼においていわば旧約聖書はキリスト論のための道具と化している。こんなふうでは果たしてユダヤ教徒を説得できるのか問題が残るであろう。実際ユダヤ教徒はキリスト教の側が旧約聖書を適当に利用し、不正確な旧約本文でユダヤ教を攻撃することを長く嘆くことになり、後に旧約聖書のギリシア語新改訳（アクィラ訳／Aquila）を作ることになる」（37〜38ページ）

このように、現在、反対牧師が『原理講論』を批判するのと同様に、新約聖書に引用された旧約聖書からの引用も、ユダヤ教徒から見れば「あまりにもいいかげんな聖書の引用、ねじ曲げ……」と批判される内容だったのです。

〈聖句の引用問題については、拙著『「原理講論」に対する補足説明』（広和）81〜101ページを参照〉

ところで、反対牧師は、文師のみ言《ことば》から〝語り間違い〟をあら探しし、脱会説得に悪用しています。実は、新約聖書にも、イエスの語ったとされる言葉に〝語り間違い〟があるのです。

その代表箇所としては、「大祭司アビアタルの時……」（マルコによる福音書2章26節）があります。その祭司の名前は、サムエル記上21章1節を見ると「アヒメレク」です。また、「バラキヤの子ザカリヤの血に至るまで……」（マタイによる福音書23章35節）は、実際は「エホヤダの子」（歴代志下24章20節）なのです。

反対牧師たちは、自分たちの正典の新約聖書に含まれている同様の問題点はひた隠しにしたまま、統一教会信者を脱会に追い込むために、『原理講論』の翻訳、表現上の不備な点、聖句の引用問題など、さらには文師の発言のある一部分だけを〝揚げ足とり〟的に取り上げ、脱会説得のために利用（悪用？）しているのです。

（補足）『原理講論』は、金百文牧師の著書『基督教根本原理』からの盗作であると中傷する反対牧師もいます。

この中傷は、1975年5月19日、ソウル・セムアン教会で行われた「統一教批判講演会」

で、朴英官氏が「『原理講論』は『基督教根本原理』の盗作。それは年代的、構造面、核心思想から見てそうだ」と語ったのが発端です。これは朴英官氏のデマです。

反対牧師は、『原理講論』と『基督教根本原理』の目次を示し、似ていると批判します。しかし、『基督教根本原理』より前に『原理解説』が出ている事実を見落としています。統一教会出版物と、金百文氏の出版物は、表の年次で出ています【表を参照】。金氏が盗作したと言うなら、まだ話の筋は通りますが、「『原理講論』は『基督教根本原理』の盗作」は事実無根です。なお、この盗作の中傷に対し、『受難の現場』（光言社）の３１９〜３２５ページに柳光烈氏の反論が掲載されています。

統一教会側		金百文側	
書　名	制作年	書　名	制作年
『原理原本』	1952年5月10日		
↓		『聖神神学』	1954年３月２日
『原理解説』	1957年8月15日	↓	
↓		『基督教根本原理』	1958年３月２日
『原理講論』	1966年5月１日		

四、聖書解釈をめぐる論争

1、統一原理は神からの新しい啓示――3次の鳩の7日間

反対牧師は脱会説得の切り札として、必ず聖書を持ち出してきます。

それは、彼らは「統一原理」の聖書解釈は間違っており、その間違った教えによって統一教会信者たちは惑わされているので、伝統的なキリスト教の〝正しい聖書解釈〟を教え、その間違いに気付かせなければならないと思っているからです。

「統一原理」は現行の聖書を詳しく調べてみることによってのみ解明されたものではないことを知っておかなければなりません。文師が、「先生は、聖書だけを見て原理を探したのではないのです」(1990年1月13日)と語っておられるとおりです。

『原理講論』の総序にも、「最終的な真理は、いかなる教典や文献による総合的研究の結果からも……編みだされるものではない。……あくまでも神の啓示をもって、われわれの前に現れなければならない」(37～38ページ)とあるように、「統一原理」は神の啓示によ

って現れた「新しい真理」なのです。

この点を踏まえておかないと、反対牧師が聖書を使って説得するときの策略に引っ掛かってしまいやすいのです。

例えば、反対牧師は、「統一原理では、ノアは箱舟から鳩を7日ずつ3次にわたって放ち、合計21日費やしたといっているが、聖書を見ると7日は2回しか出てこない。だから原理は間違いだ」と言って批判します。

実際、聖書を見ると7日は2回しか出てきません。そこで、監禁された状況の中で、「統一原理は間違っていた。私は文鮮明にだまされた」と短絡的に判断し、脱会してしまう人もいるのです。

確かに、日本聖書協会の口語訳聖書には、からすを放った後、最初の鳩を放つまでに7日間かかったとは記されていません。しかし、第2の鳩を放つために待った7日のところ（創世記8・10）を英語の聖書（RSV）で見ると、「He waited another seven days.」となっており、その7日の前にもう一つ別の7日間があったことが暗示されています。（英語のanotherはヘブライ語のアヘリーム〈他の〉に当たる）

そのため、カトリック教会のバルバロ訳聖書では、8節に「7日待ってのち」という補足文を加え、その注として「現今テキストにはない言葉だが10節に『あと7日待ち』とあるから、原本にもあったと思われる」と解説しています。

古い時代には、聖書は「写本」といって人間の手作業によって書き写されて、伝承されてきました。細心の注意を払って書き写しても、何らかの事情でうっかり欠落させ、写し間違いが生じることもあり得ます。3つの7日間のうち、1つはそうやって欠落した可能性を否定できません。

こうしてみると、3次にわたる鳩が7日ずつ、合計21日間を費やされて放たれたという「統一原理」の見解は、決して不当な解釈ではないことが分かります。

『原理講論』の総序には、「先生は単身霊界と肉界の両界にわたる億万のサタンと闘い、勝利され……イエスをはじめ、楽園の多くの聖賢たちと自由に接触し、ひそかに神と霊交なさることによって、天倫の秘密を明らかにされた」(38ページ)とあるように、文師は、歴史的事実を霊的に目撃することによって、現行の聖書だけでは十分解明することのできなかった真理を、新しく発見して発表しておられるのです。

すなわち、「統一原理」は、現行の聖書を綿密に読むことによって構築された理論ではなく、あくまでも、神からの〝新しい啓示〟として与えられたものであるために、あるところは啓示のほうが先行し、聖書の記録がその啓示に対して十分ではないことがあり得るのです。

例えば、ノアが箱舟を120年かけて山の頂上に造ったということも、現行の聖書には明確になっていません。しかし、創世記6章3節を読むと、「そこで主は言われた、『わたしの霊はながく人の中にとどまらない。彼は肉にすぎないのだ。しかし、彼の年は百二十年であろう』」と記されており、その聖句こそが、ノアが120年かけて箱舟をつくった根拠になるという解釈があります。特に、カトリック系の聖書注解などが、その見解を取っており、次のように述べています。

「120年を大災害の発生前に人類に与えられた恩恵の期間とした、と解釈する方がよいと思われる。明らかにこれが創世記の最終著者の意図である。なぜなら、後にP（モーセ五書を構成していると思われる文献J、E、D、Pなどの一つ）においては、120年以上の寿命が（洪水後の）個人に与えられているからである」（『カトリック聖書新註解書』エンデルレ書店、210ページ）

「一般人類の生命の息……は、120年後の洪水によって断たれるであろうという神の宣言（おそらくヨナ3・4の場合と同じような悔い改めの期間……）以上の解釈はギリシャ語、ラテン語、シリア語訳に一致するものである」（『フランシスコ会聖書研究所訳注』中央出版社、55ページ）

また、イエス当時に読まれていた「死海写本」の一つである『創世記註解』では、「創世記6・3の120年は、その一節に含まれている警告が発せられたときから洪水のはじまるまでの時間である。この時間枠は、その警告をノアの480年目に置くことにより示される」（ヴァンダーカム著『死海文書のすべて』青土社、112ページ）としており、2000年前の、いわゆる「クムラン教団」が、『原理講論』と同じ解釈を取っていました。

これらのことから、ノアの洪水審判までの120年の問題についても、鳩の21日間とほぼ同様の問題が存在したため、今日のような聖書の記述になってしまったと考えられます。

2、カトリック神学にも多くの類似点——失楽園の解釈

反対牧師は、統一原理の聖書解釈は「間違いである」と思わせ、統一教会信者を脱会に追い込みます。

例えば、キリスト教の「失楽園」解釈には、それを性的に解釈してきた伝統があること——ミルトンの失楽園、アウグスティヌス、オリゲネスなどのカトリック神学——をひた

隠しにして、統一原理の失楽園解釈は不当な解釈であると批判しているのです。

ペイゲルス著『アダムとエバと蛇』を読めば、キリスト教が初期のころから失楽園を性的に解釈していることが分かります。カトリック教会は、禁断の実を「不倫の性関係」と関連づけて解釈してきたのです。

例えば、カトリック出版物『禁断の木の実』（ドン・ボスコ社）には、次のように記されています。

「人祖（アダム・エバ）にはただ一本の禁断の木が植えられてあっただけですが、私たち現代の人間の周囲は、ごらんのとおり禁断の木ばかりの世界なのです。……中でも、昔楽園にあった木に特別よく似た一種の木があり、それが強烈な魅力をもって若い青年男女をひきつけています。……その禁断の木とは、すなわち、正しくない恋愛、これをさしている」（5ページ）

また、カトリック司祭ピーター・ミルワード氏も、その著書『旧約聖書の智慧』（講談社現代新書）で、次のように述べています。

「アダムとエバの罪が……禁断の実を食べたという暴食だったと説明するのはあたらない。いろいろな点を勘案すると、これは聖書にいう『肉体の知識』（すなわち性交）の木の実を取って食べる性的欲望の罪をさしているように思える。まず第一に、男と女としてのアダム対エバという明らかな関係がある。つぎに、彼らは裸だったばかりでなく、その実を食べるまでは裸であることを知らなかったという事実がある。第三に、蛇がエバをそそのかし、好奇心に訴えるやり口は暗に性的な歓びを語っている」（37ページ）

プロテスタント教会では、宗教改革者ルター以来、ローマ・カトリック教会と神学論争をする中で、性的解釈を棄てましたが、キリスト教神学に多大なる影響を与えたアウグスティヌスは、「性的欲望それ自体を原罪の証拠および罰と同一視」する解釈をしていたのです（ペイゲルス著『アダムとエバと蛇』（ヨルダン社、２３７ページ））。

『諸宗教の倫理学第1巻・性の倫理』も、アウグスティヌスが「肉の欲望は神に対するアダムの不服従への罰となった。肉の欲望からそして肉の欲望とともにすべての人間は生まれた。……欲情そのものは依然として悪である、……それはすべての者の内にある羞恥心が教えている。この罪禍は結婚と夫婦の営みに結びついている」（九州大学出版会、36ページ）と論じたことを紹介しています。

そして、カトリック神学（特に中世期）では、〝性欲〟を罪悪視し、結婚生活よりも独身生活を優位におく教理を築いていきました。今日でもカトリック教会は、教皇をはじめ神父らが生涯において独身を貫くなど、聖職者の独身制を確立していますが、それは堕落の問題を〝性〟と結びつけて解釈したことに影響されてのことです（参照：ペイゲルス著『アダムとエバと蛇』ヨルダン社、および岩村信二著『キリスト教の結婚観』日本基督教団出版部100～104ページ）。

この堕落論の解釈や、結婚観などをめぐって、カトリック教会とプロテスタント教会は神学論争をし、長い間、対立関係にありました。それは、カトリック教会が伝統的に原罪について「性的解釈」をし、聖職者の独身制を維持してきたのに対して、プロテスタント教会では、神の戒めに対する不従順、高ぶりなどという「心的解釈」をし、牧師の妻帯を許したところに主要な違いがあったからです。

統一教会では、自己中心の動機による不従順という「心的解釈」に基づきながら、人間始祖は「性的形態」を通して堕落したと説いています。

その意味では、対立してきたカトリック教会とプロテスタント教会を和解させる道が統一教会の解釈にあると考えており、両者が積極的に『原理講論』の教理を研究することによって、共に手を携え、和合一致していけることを懇切に願っているのです。

ところで、統一原理は、生命の木を「個性完成したアダム」と解釈しますが、反対牧師は、それをこじつけだと批判します。例えば、浅見定雄氏などは、統一教会の聖書解釈は支離滅裂であり、奇怪な教理であるとまで批判します（『「原理講論」の仮面を剥ぐ！』13～15ページ）。

しかし、キリスト教では、伝統的に「生命の木＝十字架＝メシヤ」という解釈を綿々と語り伝えてきているのです。

１９７９年11月号『現代思想』（青土社）に収録されたテオドール・ライク著「原罪の起源」には、「古代キリスト教を通じて、十字架を生命の樹とする解釈は一般的である。それは旧約において十字架の象徴である……。アウグスティヌスはキリストを生命の樹の果実と見なし、オリゲネスは、生命の樹＝十字架＝キリストという等式を提出した」（１４２ページ）と論じています。

また、オスカー・クルマンもその著書『クリスマスの起源』（教文館）において、ピーター・ミルワード氏もその著書『旧約聖書の智慧』で、生命の木＝十字架＝キリストという解釈が伝統的にあったことを紹介しています。

統一原理は、メシヤを「個性完成したアダム」と解釈するので、生命の木＝十字架＝メシヤ＝個性完成したアダム、という解釈も可能なのです。

ところが、反対牧師は、キリスト教においてそういう伝統的な解釈があったことをひた隠しにして、生命の木＝個性完成したアダムという考え方はあり得ないと批判するのです。ところで、失楽園を性的に解釈したカトリック神学に対抗し、それを性的に解釈しようとしないプロテスタント神学があります。

創世記2章24節の「結婚賛歌」と、創世記3章の「失楽園」の関連性をめぐって、聖書の記述順序を、そのまま時間的経過と同一視したルターは、結婚賛歌に「妻」という言葉があることから、アダム・エバは堕落（失楽園）前にすでに性交していたとして、次のように解釈しました。

「原人アダムとイブ（エバ）とはその堕落の以前にすでに性の交わりを行っており、それは二人の貞節ときよき愛のしるしでもあった。彼らは裸であって、性に対しても自然な開放的な態度をとっていた」（岩村信二著『キリスト教の結婚観』日本基督教団出版局、122ページ）

反対牧師は、このルターの聖書解釈に基づいて、「妻」の言葉に注目させ、アダム・エバの堕落の原因は、統一教会がいうような「性的問題」ではなかったとします。そして、ルターが、原罪を「自己中心」「高慢」と見て、心的解釈をした見解を利用しながら、統一原理の「堕落論」は間違いであると批判し、統一教会信者を脱会説得するのです。

しかし、ルターとは違って、聖書の記述順序をそのまま時系列とはとらえない解釈も存在しているのです。カトリック聖書（ウルガタ）を校訂した教父ヒエロニムスは、次のように述べます。

「アダムとエバに関しては、堕落以前の彼らは楽園で純潔であったと主張しなければならない。しかし、罪を犯し楽園を追放されてからはただちに結婚した。それから『それ故に人はその父と母とを離れて、妻と結び合い、そして彼らは一つの体となる』の（創世記2章24）節がくる」（ペイゲルス著『アダムとエバと蛇』203ページ）

人間始祖アダムとエバの堕落を性的に解釈することは正しいというのです。

創世記2章2節で、神は天地創造を終えて休まれたと書かれているにもかかわらず、2章4節から、再び、違ったかたちの天地創造が記されています。ですから、ルターのように、聖書の記述順序をそのまま時間的経過と同一視するのは単純すぎて、問題があります。

いずれにせよ、カトリックとプロテスタントは、失楽園解釈をめぐって対立しています。

統一原理は「堕落論」において、ルターのように「自己中心」の動機で、アウグスティヌスのように「性的形態」を通じて堕落したと見ており、その意味では、カトリック神学とプロテスタント神学を和合させる観点を持っていると言えます。

この統一原理の優れた観点を見落とし、自己の解釈だけを絶対化して批判する反対牧師は、イエスが「偽善な律法学者、パリサイ人たちよ……天国を閉ざして人々をはいらせない。自分もはいらないし、はいろうとする人をはいらせもしない」（マタイによる福音書23章13節）と嘆かれたのと同様の姿になっているのです。

その他、細々とした聖書解釈の問題についてなされる批判を一つ一つ検証していくと、統一教会が行っている聖書解釈が間違いとは言い切れないことが多いのです。

にもかかわらず、反対牧師は、統一教会のような聖書解釈は絶対あり得ないと言って、統一教会信者の信仰を崩すことだけを目的に批判しているのです。そういう意味において、反対牧師による脱会説得の場は、真摯《しんし》な態度で真理を探求しようとする場ではなく、統一教会信者を糾弾するための場であり、文師を誹謗し断罪するための「魔女狩り」と呼ばれるに相応しいものです。

そういう環境に拘束された統一教会信者に課せられる義務は、ただ一つ、「統一原理」を間違いと認めることのみなのです。したがって、その説得は、本人が望むと望まぬとにかかわらず、信仰を棄て去るまで、手を替え品を替えて延々と継続されていくのです。

こうして、反対牧師からの一方的な主張を聞かされると、ほとんどの統一教会信者は「虚脱状態、混迷状態に陥り」（森山牧師の発言）、脱会を決意させられてしまうようになります。まさに洗脳状態です。

ところで、１９９６年3月15日出版の『新共同訳・旧約聖書注解Ⅰ』（日本基督教団出版局）の「創世記」註解は、学問的に、あまりにも誠意がないように思えます。

なぜなら、学問に誠実であろうとする人は、すでに発表されている先人たちが到達している他の意見にも素直に耳を傾けた上で、その見解が妥当であるかどうかを、さらに自らの研究に則してきちんと説明し、自分はなぜその見解に賛同できないのか、学問的根拠を示しながら論述し、少しでも学問的に進歩させていこうと試みるのが、良識的であると思われるからです。

ところが、この注解書は、自分の意見だけを独断上に述べている箇所が見受けられ、他の神学者の違った見解は、完全に無視される場合が少なくありません。

これでは、他の神学書や注解書は、ほとんど読まないで、あるいは読んでも無視して記述したのではないかと疑われても仕方がないと言えます。自分の「個人的論文」を書いたというなら、それでもよいかもしれません。しかし、カトリック、プロテスタント等が総力をあげて編纂したと銘打った注解書としては、誠実な注解書とはとても思えません。

　例えば、ノアの3人の息子、セム・ハム・ヤペテについて、『新共同訳・旧約聖書注解I』では、「セム、ハム、ヤフェト（ヤペテ）は年齢順ではない……出生順はセム、ヤフェト（ヤペテ）、ハムとなる。ヤフェト（ヤペテ）とハムを入れ替えたのは、短い名前（音節が少ない名前）が前に来ることによって全体の音調（口調）をよくするため……」（40ページ）と説明しています。

　しかし、『新聖書大辞典』（キリスト新聞社）では、ハムを「ノアの第2子」と説明しており、また、イエス時代の写本、死海文書の所有者だったとされるクムラン教団で盛んに読まれていた「ヨベル書」（小創世記）では、長男セムと次男ハムの年齢差は2歳であり、三男ヤペテはハムよりさらに3歳下であったと説明されているのです。このように、現代のキリスト教辞典や、またユダヤ教古文書でも、セム、ハム、ヤペテがそのまま年齢順であるとしているのです。

　また、口語訳聖書の創世記9章24節に「末の子」とあることから、ハムは次子ではなく、三男だとする解釈があります。しかし、24節の「末の子」は「若き子」と訳すべきであるとし、ハムは、やはり次子であるとする学者が多くいます。事実、文語訳聖書では、それを「若き子」と訳し、七十人訳聖書、ラテン語訳聖書も「年下の子」と訳しています。ところが、このような見解については、全く触れずに、一切無視して論述しているのです。むしろ20年前に出版された、いのちのことば社の『新聖書注解書』のほうが、学問的には先を行っている印象さえ受ける箇所が少なくありません。『新共同訳・旧約聖書注解I』の「創世記注解」には、学問的不誠実さを感じざるを得ません。このような学問的不誠実さと同様なものを、反対牧師の脱会説得のやり方にも感じるのです。

3、〝ノアの裸の摂理〟を曲解する反対牧師

反対牧師は、悪意をもって『原理講論』を読むために、ゆがんだ統一原理解釈になっていることが多々あります。

その代表的なものにノアの裸の摂理に対する批判があります。創世記9章に、ノアがぶどう酒に酔って裸で寝ているとき、次子ハムがそれを見て兄弟に告げ口をし、兄弟が着物で父の裸をおおった話があります。

森山牧師は、次のように統一原理を批判します。

「ノアの次子のハムは、アダムにおけるアベルのように、『象徴献祭』に成功した父のノアと一体化すべき者であるのに、（すなわち、父と共に裸になるべきだったのに、注、森山）裸の父を見て恥ずかしく思い、彼の兄弟であるセムとヤペテを扇動して、彼らにも父の裸体を恥ずかしく思わせ、父の裸を着物でおおい、顔をそむけて父の裸を見なかった。そのために、彼らは堕落後のアダムの家庭同様、サタンと血縁関係を結んだ恥ずかしい体となり……『実体基台』をつくることができなかったので、ノアを中心とする復帰摂理も無為に帰した――と（原理講論は）しるしている……

（そこで脱会説得する際には、まず）創世記9章20節以下を読ませて、彼ら（統一教会信者自身）に説明させるのです。そうしますと、『ノアが40日洪水で、アダム夫妻の罪が蕩滅復帰したために、裸で恥ずかしくなくなったのに、ノアの子供たちが恥ずかしく思ってノアに衣をかけてやったから、失敗に終わった』と答えます。そこでもう一度聖書を読ませ、『父の裸を（他の兄弟に）吹聴したハムの家族はのろわれ、裸を見ないでこれを衣でおおったセムとヤペテとは祝福されたではないか。君たち（統一教会信者）は反対に教えられているんだよ』といいますと（統一原理の間違いに）気がつき……脱会しているのです」（『……異端』151ページ、および196ページ）

森山牧師の批判は、統一原理を巧妙にねじ曲げたものとなっています。「統一原理」では、ノアが裸になったのは、ハムを、父ノアと〝心情一体化〟した立場に立たせるための摂理であったと解釈している点が重要です。

まず、森山牧師は、「ハムは、父と共に裸になるべきだった」と教えていると批判しますが、これは事実無根であり、悪意から出た邪推にすぎません。

『原理講論』は、「ハムが……アベルの立場に立つためには……ノアと、心情的に一体不可分の立場に立たなければならなかった」（310ページ）とした上で、ノアの〝裸の摂理〟の意味を論じています。この心情一体化にこそ、重要なポイントがあります。

もしハムに、父に対する尊敬心があり、ノアと心情一体化していたら、どうしたでしょうか？　父の裸を見たときに、それを兄弟に告げ口するのではなく、「お父さん、疲れていたのですね。風邪でもひいたら大変ですよ」と、毛布でもそっと被せ、父を擁護したはずです。それが心情一体化するということです。

しかしハムはそうせずに、外にいた兄弟たちに「父が裸で寝ている。なんと恥ずかしい」と吹聴しました。それは父ノアと心情一体化できなかったことを意味するのです。セムとヤペテが歩み寄って父ノアの裸を被ったのは、ハムよりも、父を守ろうとする気持ちが強かったことを表していると言えます。

統一原理は、「ハムも、神と同じ立場から、神と同じ心情をもって、何ら恥ずかしがることなくノアと対したならば、ノアと一体不可分のこの摂理の中で、罪を犯す前、恥ずかしさを知らなかったアダムの家庭の立場に復帰する蕩減条件を立てることができた」（『原理講論』３１１ページ）と解釈しています。

実際に、創世記9章22節の「裸」はヘブライ語原典では「エルヴァト」となっており、それは恥部を意味しているのです。まさしく、アダムが堕落後、無花果《いちじく》の葉を綴り合わせて隠した部分を露わにしていたのが、この時のノアだったのです。

したがって、「統一原理」はすぐれた解釈であり、森山牧師はそれを巧妙にゆがめて批判することで、統一教会信者を惑わしているのです。

森山牧師は、このノアの裸の解釈に関連して、「（統一教会の教えは）地上天国を造るためには、人間がみなストリッパーになれ、という意味なのです。だから、『文鮮明は青年男女をみな裸にして点検し、一番美しい女性を自分の部屋に連れ込んで、血分けする』、などという説が巷間《こうかん》に伝わるのです」（『原理福音・統一協会のまちがい』ニューライフ出版社、49～50ページ）などと批判していますが、これも事実無根です。

『原理講論』は、「裸を恥ずかしがることがだれにとっても罪になるのであろうか。そうではない……（このような）かたちでの蕩減条件は……ノアの家庭だけが立てるべき条件だった」（312ページ）と明言しています。

4、アブラハムの象徴献祭は〝契約儀式〟

反対牧師は、統一教会信者を脱会に追い込もうと、「統一原理」の聖書解釈は誤りであると批判します。

創世記15章では、神がアブラハムに、雌牛、雌やぎ、雄羊、山ばと、家ばとを連れてきなさいと命じ、アブラハムが「これらをみな連れてきて、二つに裂き、裂いたものを互に向かい合わせて置いた。ただし、鳥は裂かなかった。荒い鳥が死体の上に降りるとき、アブラムはこれを追い払った。日の入るころ……大きな恐ろしい暗やみが彼に臨んだ」（10～12節）とあります。

これを統一原理は、アブラハムは鳩を裂かずに「象徴献祭」を失敗したとし、それが400年間のエジプト苦役につながったと解釈します。

この解釈に対して、反対牧師は次のように批判します。

――供え物は、雌牛、羊、鳩の3つではなく、雌牛、雌やぎ、雄羊、山鳩、家鳩のひなの5つである。また、「鳩を裂かなかった」ことが罪になったというが、それは誤りである。レビ記には、鳩は、翼だけは引き裂いても、そのからだを「引き離してはならない」（1章17節）とある。だから、アブラハムは献祭を失敗していない。――

確かに、象徴献祭の動物は5つ挙げられています。しかし、15章10節の「鳥を裂かなかった」の鳥は、ヘブライ語で「ハツィポール」で、その言葉は9節の山鳩と家鳩を一つにまとめた〝集合名詞〟です。また、イエスご自身も、「人の子が……来るとき……彼ら（国民）をより分け、羊を右に、やぎを左におくであろう」（マタイによる福音書25章31～33節）と述べておられ、人間を羊と山羊の2種類に例えて語っています。

これらのことから言えるのは、聖書は、動物を厳密に生物学的に分類するというより、ある摂理的観点から象徴的に分類していることが分かります。したがって、5つの動物を3つに象徴的に分類するのは、特に問題のないことです。

次に、鳩を裂かなかった件ですが、反対牧師が取り上げるレビ記の記述は、「燔祭《はんさい》」について述べているものです。燔祭の場合は、動物を焼かなければなりません。しかし、アブラハムは火で焼いていないため、燔祭とは別のものと考えられます。

著名な神学者フォン・ラートは、この献祭を、神との間で結ぶ〝契約儀式〟と解し、次のように述べています。

「それは、古代の多くの民族にもよく似た仕方で知られていた契約締結の祭儀である。旧約聖書の他の箇所（エレ34・17以下）にも見られるこの習俗は……動物が真っ二つに裂かれ、向かい合わせに置かれる。そしてその隙間を契約当事者たちが通り抜けるのである。これはおそらく、契約に違反した場合の自己呪詛《じゅそ》を表現しているのであろう。すなわち、もし契約を守らなければ、それらの動物と同じように身を裂かれてもかまわない、という誓い……」（『ＡＴＤ旧約聖書註解1創世記』３１８～３１９ページ）

カトリックのフランシスコ会訳聖書の註解も、「アブラハムがしるしを求めたのに答えて、ヤーウェ（神）が当時の契約の儀式にしたがって厳粛に約束を保証されることを、アブラハムは承知していた。動物は２つに裂かれ、契約の当事者がその間を歩く。契約を守らなければ、裂かれた動物のようにされるという意味を含んだものであろう（エレミヤ34・18～20）。ここではヤーウェだけが煙と火の形でその間を通る（17節）」（87ページ）と述べており、同様の解釈をしています。

これが契約締結の儀式ならば、鳩も２つに裂き、向かい合わせて置くべきであったことになります。この解釈が正しいのは、動物が焼かれていないこと、また15章17節で、神が「裂いたものの間を通り過ぎた」ことからも分かります。これは神がアブラハムと契約を結んだことを意味しているのです。ゆえに、反対牧師が、レビ記に基づいて「鳥は裂かなくてもよかったのだ」と批判するのは的外れであると言えます。

また、フォン・ラートは荒い鳥が降りたことを、「不吉な前兆として理解できるかもしれない。あるいはそれらは、契約締結を最後の瞬間に破綻させようとする悪しき諸力なのであろうか？　この謎めいた偶発事件が、約束の実現を阻止しようとする妨害を暗示している」（３１９ページ）とします。アブラハムの失敗が４００年のエジプト苦役につながったという統一原理の解釈は、妥当であると言えます。

ところで、反対牧師は、アブラハムが神に召命された時、父テラに告げず、真夜中にそっと出て行ったと語られた文師の言葉を、でたらめだと批判します。その根拠は、創世記11章32節に「テラはハランで死んだ」とある後に、12章のアブラハム召命物語が続いていること、また、ステパノが「アブラハムは……彼の父が死んだのち、神は彼をそこから……」（使徒行伝7章4節）と語っているからです。

しかし、これはステパノの勘違いです。父テラの寿命は２０５歳で、70歳の時にアブラハムが誕生しています。アブラハムは75歳で召命されているので、彼が家を出た後も、テラは60年間生きていた計算になるのです。

聖書注解書も、「おそらく、アブラムがカナンへ出発してからもなおテラは生き続けたのであり、(創世記)11章32節が年代的に12章に先行すると考えるのが誤りなのであろう」(『新聖書注解・旧約1』いのちのことば社、263ページ)と解説しています。

また、ヘブライ文学博士の手島佑郎氏も、次のように述べています。

「(創世記)11章と12章の間に、ひとつの問題が隠されている。アブラムは父テラが70歳の時に生まれ、テラは205歳まで生きたのだから、テラの一生はまだ135年残っている。さらりと読むと『テラは205歳で死んだ。アブラムは主に告げられて出ていった』と読めるから、アブラムは130歳以後に出立《しゅったつ》したように思ってしまう。しかし、12章の4節に『アブラムはハランを出たとき75歳であった』とある。アブラム75歳といえばテラはまだ145歳だ。実は、父親がまだ生きている間に、アブラムは出ていってしまった計算である。

聖書の中でも、創世記はもっとも人びとに親しまれている書物だ。しかしアブラハムがハランを出たのは、実はテラがまだ存命中だったことは、とかく誰も気がつかない。たいていはテラが死んでからアブラハムが出ていったように読む。

まずそこのところに、聖書の編者の大きな配慮がある。父親を残して長男が出ていくのは、あまり誉められることではない。先にアブラハムが出てゆき、その後で父親が死んだとあからさまに書くと、これはアブラハムのメンツにかかわるというわけだ。

聖書の編者は、アブラハムは父親を置き去りにして出ていったわけではないのだと、少なくとも読者の印象を柔らかくしようと配慮したのであろう。そのために一つ前の章で、テラの物語にいったんピリオドを打ったわけだ。

こういう記述上の矛盾や論理的不一致に着目して読むと、聖書はどんな推理小説よりも面白いし、頭の体操になるのである。ユダヤ人は長年、そういう読み方で聖書に接してきたのである」（『ユダヤ発想の原点　創世記・上』ぎょうせい、14～15ページ）

反対牧師は、旧約聖書を深く検証せずに統一原理を批判しているのです。

5、摂理的同時性に対する批判をめぐって

①聖書の記述年数に基づいた「同時性」
反対牧師は、歴史の同時性に対しても批判します。統一原理は聖書を曲解し、歴史をで

っち上げているというのです。

　しかし、その反対牧師の批判の論点は一貫性がなく、学校教育の教科書や市販の参考書から年代を引用するかと思えば、ある時は聖書の年数を引用し、またある時は考古学資料を用いて批判するなど、批判のための批判にすぎません。

　聖書に記述された年数、およびキリスト教史を検証すれば、統一原理が主張している歴史の同時性が正しいのは明らかです。

　歴史の同時性は、神が人類を救おうと導いてこられたことの証明ですが、反対牧師は年数の誤差を理由に、同時性は誤りだと批判します。牧師は、すべてが神の予定なら、寸分も誤差はあり得ないと考えるのです。

　しかし、人間の責任分担によって延長や短縮など、年数に誤差が生じることを理解すべきです。特にイエス以前は、勝利圏が小さい時代にあって、史実と理論

〔摂理的同時性〕

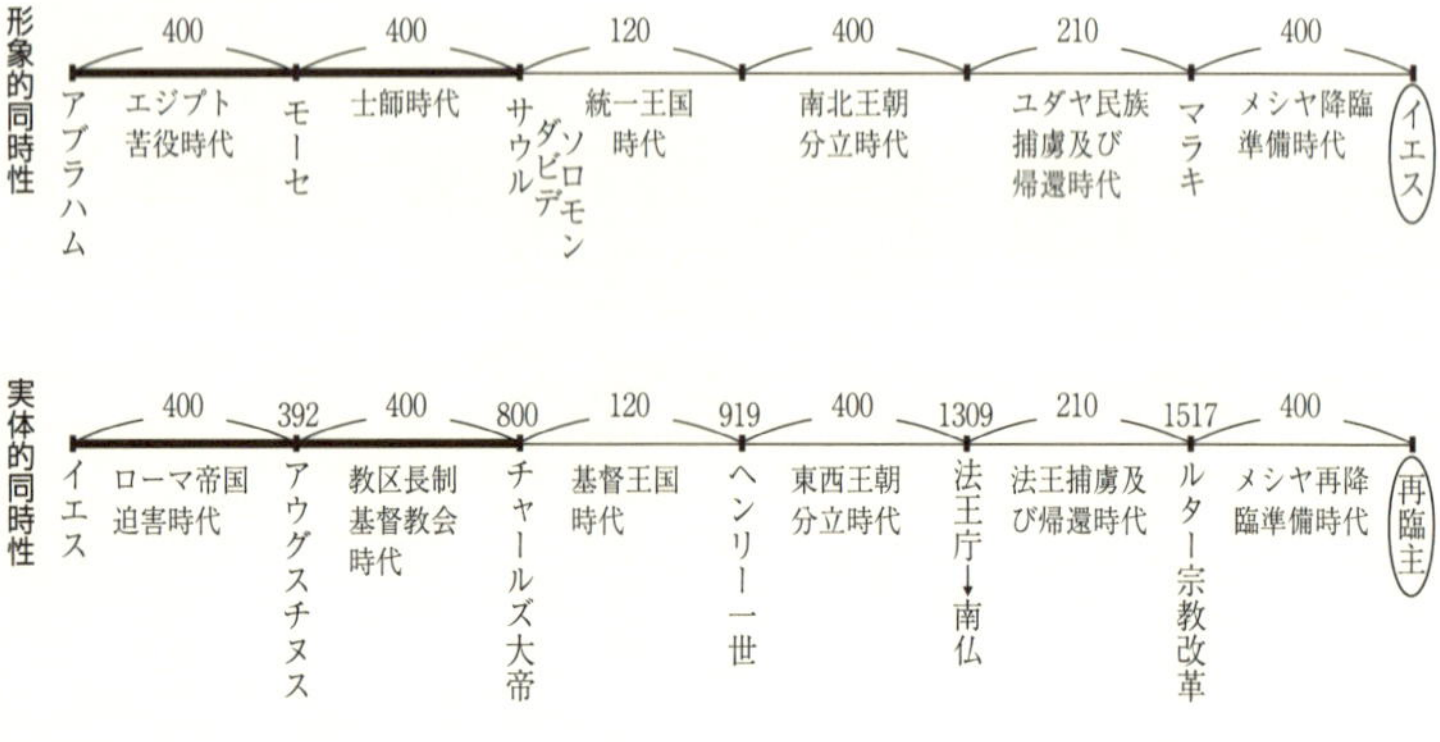

値とに誤差があります。それは人間の責任分担ゆえに生じたものです。

神は復帰の原則を人類に教えるために、象徴的な歴史を聖書に啓示し、イスラエル史を（形象的に）導いてこられました。そのことは、聖書の記述やイスラエル史が、キリスト教史と同時性を成している事実を見ることによって立証することができます。

歴史の同時性の理論値では、アダムからノアまでを１６００年、ノアからアブラハムまでを４００年、アブラハムからヤコブが祝福されるまでを１２０年、ヤコブとエサウの対立期間を40年、ヤコブのハラン苦役を21年、ヤコブがカナンに帰った後でエジプトに移住するまでを40年とします。

また、イスラエル史は、エジプト苦役時代が４００年、士師時代が４００年、統一王国時代が１２０年、南北王朝分立時代が４００年、ユダヤ民族捕虜および帰還時代が２１０年、メシヤ降臨準備時代が４００年とします。

さらに、キリスト教史は、ローマ帝国迫害時代が４００年、教区長制キリスト教会時代が４００年、キリスト王国時代が１２０年、東西王朝分立時代が４００年、教皇捕虜および帰還時代が２１０年、メシヤ再降臨準備時代が４００年とします。

これらの年数は、次のように計算すればその正しさが分かります。

【アダムからノアの洪水審判まで】創世記５章の各代の人物が長子を生んだ年齢を足せば、

166（約1600）年**〔表1参照〕**。

【洪水審判からアブラハムにイサクが生まれるまで】創世記11章の各代が長子を生んだ年齢を足せば、392（約400）年**〔同表参照〕**。

【アブラハムの召命からヤコブの祝福まで】アブラハムがハランを出た75歳（創12・4）からイサク誕生の100歳（創21・5）までの25年。イサクにヤコブが誕生した60歳（創25・26）。ヤコブの双子エサウが40歳で結婚（創26・34）。その直後にヤコブが祝福されたので、25年、60年、40年を足して125（約120）年。

【ヤコブが祝福を受けた後、ハランへ行くまで】ヤコブが晩年エジプトに移住した130歳（創47・28の147歳から17年を引く）。ヨセフがエジプトの宰相となった30歳（創41・46）。エジプトの飢饉前の7年（創41・53）。飢饉の後2年目にエジプトへ移住（創45・11）。ヤコブがレアとラケルのために働いた14年（創31・41）が過ぎるころにヨセフが誕生（創30・25）したので、先の130歳か

〔表1〕アダム―アブラハム　年齢表

人名	長子を生んだ年齢
アダム	130
セツ	105
エノス	90
カイナン	70
マハラレル	65
ヤレド	162
エノク	65
メトセラ	187
レメク	182
ノア	600（洪水時の年齢）
セム	2（洪水以後の年数）
アルパクサデ	35
シラ	30
エベル	34
ペレグ	30
リウ	32
セルグ	30
ナホル	29
テラ	70
アブラハム	100

ら、30年、7年、2年、14年、ヤコブが祝福された40歳を引けば、37（約40）年。

【ヤコブのハラン苦役期間】創世記31章38節から、20（約21）年。

【ヨセフがエジプトに売られ、ヤコブがエジプトに移住して亡くなるまで】ヨセフがカナンを出た17歳から（創37・2）、30歳でエジプトの宰相（創41・46）になるまでの13年。そして飢饉の前の7年（創41・53）。飢饉2年目にエジプトに移住し（創45・11）、その後ヤコブがエジプトに住んだ期間が17年（創47・28）なので、13年、7年、2年、17年を足し算すれば、39（約40）年。

【エジプト苦役時代】出エジプト記12章40節から、４３０（約４００）年。

【士師時代】「エジプトを出て後４８０年、ソロモンが……王となって第４年……」（列上６・１）の４８０年から、ソロモン王の４年、ダビデ王の40年（サム下５・４）、サウル王の40年（使13・21）を引けば３９６（約４００）年。

【統一王国時代】サウル王40年（使13・21）、ダビデ王40年（サム下５・４）、ソロモン王40年（列上11・42）を合計して１２０年。

【南北王朝分立時代】南ユダの王、レハベアムからゼデキヤまでの治世期間を、列王紀上・下に基づいて合算すれば３９３年６か月（約４００年）〔表2参照〕。

【ユダヤ民族捕虜および帰還時代】南ユダがバビロニヤに反乱を起こしたのが前602年（『旧約新約・聖書大事典』教文館、1354ページ）。その3年前の前605年（列下24・1）が隷属の年で、マラキと同一人物と目されたエズラが帰還した前398年を引けば207（約210）年。

【メシヤ降臨準備時代】イエスまでのこの期間は「沈黙の400年」と呼ばれており、約400年（『改訂新版・聖書ハンドブック』359・373ページ）。

【ローマ帝国迫害時代】本来、40歳でイエスは平和の王の王となるべき。それを完全蕩滅し、キリスト教が国教となったのが392（約400）年。

【教区長制基督教会時代】キリスト教の国教化から、ローマ教区の後ろ盾となるチャールズ大帝が800年に戴冠式をするまでの408（約400）年。

【基督王国時代】チャールズ大帝の

〔表2〕南北王朝分立時代の計算

人物名	治世	列王紀
レハベアム	17年	上14・21
アビヤム	3年	上15・2
アサ	41年	上15・10
ヨシャパテ	25年	上22・42
ヨラム	8年	下8・17
アハジヤ	1年	下8・26
アタリヤ	6年	下11・3
ヨアシ	40年	下12・1
アマジヤ	29年	下14・2
アザリヤ	52年	下15・2
ヨタム	16年	下15・33
アハズ	16年	下16・2
ヒゼキヤ	29年	下18・2
マナセ	55年	下21・1
アモン	2年	下21・19
ヨシヤ	31年	下22・1
エホアハズ	3か月	下23・31
エホヤキム	11年	下23・36
エホヤキン	3か月	下24・8
ゼデキヤ	11年	下24・18
治世の合算	393年6か月	

戴冠式後、東フランクに選挙王制で別の王統であるヘンリー一世が即位した919年までの119（約120）年。

（注）この基督王国時代に対する批判および反論の詳細については、拙著『「原理講論」に対する補足説明』282〜289ページを参照。

【東西王朝分立時代】ヘンリー一世の即位後、クレメンス5世の時に法王庁がアヴィニョンに移された1309年までの390（約400）年。

【法王捕虜および帰還時代】法王のバビロン捕囚の1309年から、ルターが宗教改革を起こした1517年まで208（約210）年。

【メシヤ再降臨準備時代】ルターの宗教改革から、第一次世界大戦終結の1918年まで401（約400）年。

②霊感説をよみがえらせる「歴史観」

以上のような年数計算に対して、反対牧師は、『原理講論』の年数計算は「独特な計算」「珍妙な計算」などと言って批判します。しかし、キリスト教においては、古くから「キリスト教年代学」といって、聖書に書かれた年数に基づく計算によって歴史を解釈する方法が取られてきたことを知らなければなりません。

例えば、初代キリスト教会時代、よく読まれていた『バルナバの手紙』について、埼玉大学教授の岡崎勝世氏は、次のように述べています。

「(バルナバの手紙には) 終末が近いと強調しつつ、神が6日間で創造を完成したことを引き合いにして、次のように書かれている。『子供たちよ。6日間に完成したということが何を意味しているかに注意しなさい。これは、主は6000年の間に全てを完成されるであろう、ということである。というのは、彼においては1日は、千年を意味しているからである。それゆえ、子供たちよ。6日の間に、(つまり) 6千年の間に、すべては完成されるであろう』。

ここで言う『完成』が、終末のことであることは言うまでもない。人間の歴史は、アダム以後6000年間で終末を迎えるというのである」(『聖書VS.世界史』講談社現代新書、52ページ)

また、英国国教会のジェームス・アッシャー大主教 (1581~1656) が聖書に記された年数を計算して、天地創造をBC4004年、族長アブラハムの召命をBC1921年 (前掲書、231ページ) と主張したのは有名な話であり、さらには、その緻密な計算に基づいて、保守的信仰に立つクリスチャンは、アダムの創造がBC4004年10月23日午前9時であったとしています。

この聖書の年数計算に基づけば、確かに、アダム創造から現代まで約6000年であり、その内訳は、アダムからアブラハムまで約2000年、アブラハムからイエスまで約2000年です。現代はイエスから約2000年であるため、『原理講論』が説明している「摂理的同時性」の歴史観と、大枠において同様の結論となっています。

岡崎氏の著書の表紙に書かれた解説文には、次のように記されています。

「キリスト教的歴史観とはなにか。天地創造から6000年で人類は終末を迎えると聖書はいう。では、アダムとエヴァより古いエジプトや中国の歴史はどうなるのか。聖書と現実の整合性を求めて揺れ続けた、西欧知識人の系譜」

聖書に基づく年数計算では、確かに、人類歴史は約6000年ということになります。しかし、実際の歴史（普遍史）は、聖書よりも古く遡《さかのぼ》らざるを得ず、この実際の史実と聖書年数のギャップについて、それをどう理解したらよいのか、キリスト教の知識人たちは、信仰をかけて、苦慮せざるを得なかったという歴史的経緯があったのです。

『原理講論』は、聖書（特に創世記）に記述された歴史を、あくまでも〝象徴的〟な歴史であると解釈します。その聖書の象徴的歴史を、実際の歴史（イスラエル史、キリスト教史）と対比させ、それら3つを「摂理的同時性」として明確に関連づけて論じることで、長い間、キリスト教思想家が悩み続けた「キリスト教年代学」と「普遍史」との整合性の問題に対し、両者を和合させ得る一つの解答を与えているのです。

ところが、浅見定雄氏などは、このような伝統的な聖書の年数に基づいた「キリスト教年代学」を愚かなものと決め付け、次のように批判しているのです。

「（原理講論は）人類史をたった6000年間のこととみなし、それを4や7の倍数（40、120、160、210、400、2000など）に分割してみせる……（中略）……古来、こういう珍妙な計算と歴史解釈で一派を開いた自称キリスト教の宗派は数え切れないほどある。統一協会も客観的にはそういう泡沫宗派の一変種にすぎない」（『「原理講論」の仮面を剥ぐ』20ページ）

極めてリベラルな神学に立つ浅見氏は、キリスト教史において見られた聖書の年数計算を「珍妙な計算」として揶揄《やゆ》しているのです。

しかし、これを「珍妙な計算」「独特な計算」と言って、簡単に切り捨ててしまうのは、キリスト教思想家を愚弄《ぐろう》する行為です。『原理講論』の歴史観は、キリスト教史における歴史的課題であった「キリスト教年代学」と「普遍史」との整合性に対して、一つの解答を与えようとしているものであることを検証してみるべきです。

統一原理は、聖書の歴史と史実（イスラエル史、キリスト教史）を対比させ、両者間に「同時性」という関連性を提示することで、再び、〝聖書の霊感説〟を現代人にも受けいれられるようにアプローチしていると見るべきです。

これは、「霊感説」をめぐって混迷する現代キリスト教にとって、朗報とも言うべきものなのです。

五、真理は言葉でなく、神のみ旨を完成した実体

キリスト教（特にプロテスタント）は、聖書の言葉（文字）それ自体を〝真理〟であると考える傾向性を持っています。

それゆえ、「ノアは山の頂上に箱舟を造った」など、聖書には具体的に「山の頂上に」と書いていないことまで述べると、反対牧師は、「統一原理は聖書に書かれていないことを、まるで書いてあるかのごとく扱う」といって批判するようになります。では、聖書にそのごとく書かれていないからといって、それだけの理由で、真理ではないと断言できるのでしょうか？　統一原理は、「（文師が）イエスをはじめ、楽園の多くの聖賢たちと自由に接触し、ひそかに神と霊交なさることによって、天倫の秘密を明らかにされた」（『原理講論』38ページ）内容であると説明しています。

結局のところ、キリスト教（特にプロテスタント）は、真理とは何かがよく分かっていないと言えます。

実は、カトリック教会では、プロテスタントと違って、旧約・新約聖書以外に、「聖伝」

（伝承）というものが認められており、それを俗に「書かれていない聖書」と呼んでいます。それは、新約聖書が記録される以前に、使徒たちが口頭で伝えていた内容（口伝《くでん》）が2000年間カトリック教会内で語り伝えられてきたと言われるものであり、その「聖伝」（伝承）にも、「聖書」と同等の権威を与えているのです。

カトリック教会は、「聖書」には文字表記として明記されていない、聖母マリアの無原罪、聖母マリアの被昇天《ひしょうてん》、東方の三博士の伝承、天国と地獄の他にも「煉獄《れんごく》」が想定されており、さらには「聖人」を制定し、「聖遺物《せいいぶつ》」への崇敬、ローマ教皇の絶対無謬《むびゅう》説、その他、プロテスタントが聖書の正典として認めていない、トビト記、ユディト記、マカバイ記Ⅰ、マカバイ記Ⅱ、知恵の書、シラ書（集会の書）、バルク書など、旧約外典を「第二正典」として認めるなど、プロテスタント教会の基準から見れば、完全に逸脱していると思えるような教えが数多く含まれています。

もし統一原理が「聖書に書かれていないことを、まるで書いてあるかのごとく扱う」ことが問題になるならば、同様にカトリック教会の聖書に対するその基準も問題視せざるを得なくなってしまいます。

そもそもキリスト教自体が、キリスト教側の「勝手な読み込み」としか言えない旧約聖書からの聖句引用を行っているのであり（『新共同訳・新約聖書注解Ⅰ』日本基督教団出版局、37～38ページ、および八木誠一著『パウロ・親鸞＊イエス・禅』法蔵館、92ページ）、しかも「十字架贖罪」「三位一体」といった、キリスト教以前のユダヤ教の教えに無く、旧約聖書では明確ではなかった概念を、新たに信じるようになったのですから、ユダヤ教側から言わせれば、それこそキリスト教自体が「聖書に書かれていないことを書いてあるかのごとく扱う」ことをしていると言えるのです。

ところで、カトリック教会では、神の秘義や真理を語る際に、「神学」や「文字表記」だけでは限界がある、と考えていることを知らなければなりません。

例えば、和田幹男著『私たちにとって聖書とは何なのか』（女子パウロ会）には、次のように書かれています。長文ですが、重要ですので引用します。

「秘義について語る場合、神学には限界がある。神学は誤謬《ごびゅう》に対して筋道を立てて論駁《ろんばく》したり、教義を整理して理解しておくために有効で、かつ必要であろう。しかし、秘義の深み、その味わいを表現するものとしては神学は唯一の手段ではない。そのためには神学以外の芸の道があって、このほうが優れていることがある。文学、音楽、絵画、建築などに神の救いの秘義の表現を求めるほうがよいことがある。……

ローマのサン・クレメンテ教会の正面の上方に、12世紀の半円蓋《はんえんがい》のモザイクがある。この時代のローマ芸術の傑作といわれるが、そこに組み込まれ、表現されている思想もまた格別である。真中に大きな十字架がある。そこには磔《はりつけ》にされたキリストと、そのキリストの上下左右に3羽ずつ合計12羽の鳩が12使徒を表して描かれている。このようにキリストと12使徒が同じ十字架の中に描かれているのは意味深い。キリストと12使徒が教会の基礎だからである。十字架の上には聖霊を表す雲から、勝利の冠をもった御父の手がさしのべられている。……十字架の下にはアカンサスの木の根元があって緑豊かに茂っている。そこから左右に太い枝が力強く生え出で、その枝から枝が幾つも次々と伸びて、そのそれぞれの枝先は巻き蔓となっている。……十字架の下から生え出た緑の木は、十字架の左右に25個ずつの巻き蔓《つる》となって、十字架を取り巻いている。これは十字架のもとから生え出た『生命の木』、その豊かな生命力を表しているのであろう。……十字架の下、アカンサスの木の根元から下に、四つの泉がわき出て、左右に流れ、園全体をうるおしている。キリスト信者の渇く魂を表す鹿がその流れに口をつけている。孔雀《くじゃく》もそこにいて不死を告げる。……全体が平和で生命力にあふれ、神秘的な光につつまれている。

啓示憲章が教える啓示とその伝達を、このモザイクほど見事に表現したものを私は知らない。いかなる教説も、神学書もこれに遠く及ばない。このモザイクが示すように、キリストと12使徒から出てきて、これを中心に平和で生命力豊かに発展する教会こそが、人間の救いのために父なる神が与えてくださった秘義であり、啓示とその伝達はその救いの秘義としての教会の現実にほかならない」（105〜107ページ）

このように、カトリック教会では、モザイクの絵画の中に、神の秘義（真理）を見ており、「豊かに発展する教会こそ」が秘義の現実にほかならないと述べています。

このカトリックの主張は、聖書の文字そのものを〝真理〟と同一視する傾向性をもつプロテスタント神学に対して、新たな視点を与えるものと言えます。

実際に、イエスご自身も、聖書の文字そのものが真理であるとは言われず、聖書は、自分（メシヤ）を証しするものであると言われているのです。このイエスの発言は、極めて重要です。

「あなたがたは、聖書の中に永遠の命があると思って調べているが、この聖書は、わたしについてあかしをするものである」（ヨハネによる福音書5章39節）。さらには「わたしは道であり、真理であり、命である。だれでもわたしによらないでは、父のみもとに行くことはできない」（同14章6節）と語られています。

イエスは、聖書が真理であり、聖書に永遠の命があると言われずに、イエスご自身こそが「真理であり、命である」と語っておられるのです。

このイエスの発言と同様、文師も「真理とは何か」について、次のように語っておられます。

「真理とは何でしょうか。……天国の真理は一人の男性、一人の女性以外にはないのです。何の話か分かりますか？　全世界の男性を代表する真なる男性（メシヤ）がいれば、その真なる男性の四肢五体が真理なのです。

真理は文字ではありません。真なる女性が真理なのです。そして、真なる真理の父とは、真なる愛をもった人です。また、真なる真理の夫婦という真の愛をもった真理体が一つになるとき、真なる真理の殿堂になるのです。真なる真理の子女とは、愛を中心として兄弟が一つになった真理体です」（１９８８年10月14日）

文師は、み言の完成実体こそが〝真理〟であると言われます。すなわち、個性完成した男性と個性完成した女性のその〝四肢五体〟が真理であり、さらには、そのような夫婦や子女たちによって築かれる、真の愛の宿った〝完成した家庭〟があれば、その家庭の実体こそが真理であるというのです。

真理の実体として、この地上に顕現されたイエスも、「わたしを見た者は、父（神）を見たのである」(ヨハネによる福音書14章9節)と言われました。まさに、真理とは、神のみ旨を完成した、その「実体」を指して呼ぶ概念であると言えます。

ところが、私たちは文字それ自体を真理だと思い込んで、その言葉にとらわれ、なかなか物事の本質を見極めることが難しいというのが実情ではないでしょうか。『原理講論』には、次のように記述されています。

「神霊と真理とは唯一であり、また永遠不変のものであるけれども、無知の状態から、次第に復帰されてゆく人間に、それを教えるための範囲、あるいは、それを表現する程度や方法は、時代に従って異ならざるを得ないのである。

例を挙げれば……モーセの時代には律法を、イエスの時代には福音を下さったのである。その際、イエスは、そのみ言を真理と言わないで、彼自身がすなわち、道であり、真理であり、生命であると言われたのであった(ヨハネ14・6)。その訳は、イエスのみ言はどこまでも真理それ自身を表現する一つの方法であるにすぎず、そのみ言を受ける対象によって、その範囲と程度と方法とを異にせざるを得なかったからである。このような意味からして、聖書の文字は真理を表現する一つの方法であって、真理それ自体ではないということを、我々は知っていなければならない。このような見地に立脚して聖書を見るとき、新約聖書は……真理を教えるために下さった、一つの過渡的な教科書であったということを、我々は知ることができる」（１６９ページ）

言葉、文字表記（文字そのもの）とは、あくまでも真理を表現するための一つの手段であって、そこには、絶えず〝表現上の完成度レベル〟の問題がつきまとうことを理解しておかなければなりません。

私たちは、言葉じりにとらわれ、イエスがメシヤであることが分からなかった２０００年前のユダヤ教指導者のようであってはいけません。

聖書の文字にとらわれ、揚げ足を取りながら、痛烈に統一原理批判を展開してくる反対牧師のわなに引っ掛からないよう、十分に注意しなければなりません。

六、「真の父母」とは何か?

森山牧師の批判に、次のようなものがあります。

「統一協会の内部では、文氏夫妻を『ご父母様』と呼び、『お前たちの両親は仮の親であって、本当の親はご父母様だ』と教えこまれる」(「キリスト新聞」1974年10月12日号)

確かに、統一教会では、文師夫妻を「真の父母」と呼んでいます。しかし、「お前たちの両親は仮の親だ」とは教えていません。これは、森山牧師がつくり上げたデマです。この森山牧師の批判を聞けば、当然、両親や親族たちにとっては聞き捨てのならない言葉であるため、統一教会の教えは反社会的であるという誤解や非難を招いてきました。

この手の批判によって、父母や親族らが頭ごなしに統一教会に反対するようになり、家庭問題がこじれるようになったケースがあったことも事実です。

「両親は仮の親だ」と教えているという誤った批判を、森山牧師がクリスチャン新聞や

『……異端』の本に書き、吹聴し続けたため、「嘘も繰り返せば真実になる」で、反社会的なイメージが作り上げられてしまったと言えます。

統一教会では、文師夫妻を「真の父母」と呼びますが、それは、完成したアダムとエバ、勝利したアダムとエバという〝人間始祖〟の立場を言い表した概念であり、簡潔に言えば「人類の真の父母」ということになります。

文師は、次のように語っておられます。

「統一教会では、『真の父母』という言葉をつかっています。これは驚くべき言葉です。『真の父母』とは何ですか。（人間始祖が堕落して）偽りの父母が生まれたので、『真の父母』が出てこなければなりません。『真の父母』は何をすべきでしょうか。サタン世界の根となる誤った血統を正すべきであり、誤った生命を取り返すべきであり、誤った愛の道を（正しく）開かなければなりません」（『天聖経』「真の父母」から）

「最初のメシヤ（真の父母）というのは、実際には本来のアダムとエバです。彼らが、最初のメシヤ（真の父母）であるはずでした。もちろん、それがイエスの時に再現されましたが、それも成就できませんでした。ですから、今回、２度目のメシヤの時には、エデンの園で失われた理想が実現されるのです。ここに、神の真の愛を中心とした地上天国の復

帰と建設をしようとする3度の試みをみることができます」(1989年4月6日)

真の父母は、人間始祖アダムとエバが堕落せずに理想世界が完成していたなら、その理想世界において、アダムとエバが立つべきであった位置(ポジション)を表す概念です。すなわち、真の父母とは、人類全体の〝血統〟の、最初の出発点に位置する一組の夫婦(父母)をいう呼称です。

アダムとエバが本来立つべきところ、それが果たせなかったために、イエスが2度目にその位置を目指したのであり、それもできなかったため、文師夫妻が3度目に、やっとその位置に立てたのが、真の父母であったというのです。

言い換えれば、「文師夫妻」が初めから真の父母として確定されていたのではなく、「人類の真の父母」という公的ポジションに、文師夫妻が勝利して立たれるようになったと言うべきなのです。

また、文師は次のようにも語っておられます。

「先生は、三時代の父母です。旧約時代、新約時代、成約時代の父母だというのです。それで『真の父母』なのです。

では、皆さんを生んでくれた父母と、『真の父母』と、何が違いますか。同じではありません。皆さんの父母は、一時代の父母の位置にいますが、先生は三時代、霊界や、現世や、これから生まれる人や、すべて三時代圏内の父母の位置にいるというのです。それは、芽と根です。ここにつながったのです。

皆さんの父母は、枝の父母です。分かりますか。枝について芽が育つでしょう？　ですから、その父母はその時代の枝の父母ですが、先生は三時代の父母なのです。根の時代の父母にもなり、幹と枝、葉の時代の父母にもなるのです。分かりますか。

それで、いつも『真の父母』という言葉を忘れてはいけないのです。そうなれば、どんなことが起こるでしょうか。『真の父母だ』と言うので、子供が、『うちの親は誰だ？　何が違う？』と、このように考えるのです。それで混乱が起きます。そのようになってはいけません。

ですから、それ（みなさんの父母）は一代に対する父母であり、先生は三時代の父母の内容を備えているのです。茎です、茎。茎の父母です。ですから、先生に対して、おじいさんも『父母』と言い、お父さんも『父母』と言い、孫も『父母』と言うのです。三時代、三段階です。何の話か分かりますか。（はい）。それをはっきり知るべきです」（『天聖経』「真の父母」から）

文師夫妻は歴史を超えた人類全体の父母なのであり、この文師夫妻を「真の父母」と呼ぶ考え方は、実の親子関係の絆を否定してしまうものでは、決してありません。むしろ、統一教会信者は、〝氏族的メシヤ活動〟を勝利して、自分の両親や子孫および親族など、すべての人を引き連れて、人類の真の父母の血統圏につながり、共に天国に入っていこうと考えているのです。

つまり、人間始祖が堕落しなければ、人類という本然の血統には、当然、自分を生んでくれた〝実の両親〟も入ってきますし、また、祖父母も入り、さらに、自分の子孫や親戚も入ります。文師夫妻は、その創造本然の世界における血統の〝始祖〟の立場に立った方であるので、たとえ文師が「真の父母」になったと主張したとしても、それで、即、実の親子関係が否定されるというのではないのです。

ところで、人間始祖の堕落によって失った「真の父母」を取り戻すことが、神の復帰歴史であったとして、文師は次のように語っておられます。

「本来、『父母の日』の理念は、神様の創造理念の中でも中心理念でした。神様が万物を創造されたのち、その万物を主管する人間を創造され、人間に万物を主管せよと祝福された目的も、正に『真の父母』を立てるためでした。

本来は、アダム・エバが神様を中心として一体となり、『真の父母』になるべきでした。そうすれば、『父母の日』が立てられるようになるのです。そうなれば、全宇宙が父母の名前とともに、頌栄《しょうえい》を捧げるようになるのです。このように、『父母の日』は、全宇宙が父母の名前とともに頌栄を捧げる喜びの日なのです。この日を迎えることが、神様の願いでした。しかし、人間始祖が堕落することによって、このような『父母の日』を天も失ってしまい、地も失ってしまいました。それで神様は、本来計画されたことを成されるために、『父母の日』を探されるために、今まで経綸してこられたのです。

『父母の日』を迎えるには、まず『真の父母』を迎えなければなりません。その『真の父母』は、歴史を審判し、現在を主管し、未来を開拓なさるべき中心存在であられます。それで、人間が歴史的に羨望してきたのも、『真の父母』を迎えることでした」（『天聖経』「真の父母」から）

このように、「真の父母」の概念には、歴史的に奥深い意味が込められていることを知らなければなりません。

森山牧師は、「文を『真の父母』と呼ぶなら、では、実の両親はどうなるのか？　きっと『仮の親』と教えているに違いない」と邪推して、無責任な統一教会批判をつくりあげたのです。

統一教会の教えは、『原理講論』に「堕落人間はだれでもみな、救いを受けるように予定されている」（246ページ）と明記されているように、すべての人を分け隔てなく救っていこうとする〝万人救済〟の教えです。すべての人間が救われるという意味ですから、当然、そこに自分の実の両親、さらには親族なども含まれるわけです。そして、親を「人類の真の父母」につなげて、歴史的解放者、真の勝利者にならなければならないと考えているのです。

ところが、統一教会の教えを十分に理解していない統一教会信者の場合、監禁された特殊な環境で、森山牧師の『……異端』の本などを読まされると、文師夫妻を「真の父母」と呼んでいることを思想的にどう整理し、どのように弁明したらよいのか分からなくなってしまい、やがて混沌とさせられて、脱会に追い込まれてしまうというのが実情であったと思われます。

実は、教理面から言えば、一般のキリスト教の考え方こそ、実の夫婦関係や親子関係を、ある意味でおろそかにしているという事実を知らなければなりません。

反対牧師である故・高木慶太氏は、次のように述べています。

「結婚とは地上だけの一時的なことであって、天国でも継承されるものではない。……天の御使いたちがめとったりとついだりしないのと同様、天に行った人たちも、めとったりとついだりしない。すなわち、天においては男性・女性の区別がなくなるばかりでなく、地上での結婚関係も解消するということである。もし、地上の結婚関係が、天国でも永遠に続くものなら、パウロは（コリント前7章において）……独身生活を勧めなかったであろう」（高木慶太・芦田拓也共著『これからの国際情勢と聖書の預言』いのちのことば社、225～227頁ページ）

このように、ファンダメンタル（根本主義）の信仰をもつ高木牧師は、天国では「男性・女性の区別がなくなり、地上の結婚関係も解消する」として、天国では家庭という単位がなくなると考えています。つまり、老若男女の区別がすべて無くなることで、地上での親子関係や夫婦関係が解消され、継続されることはないというのです。

この考え方に対して、統一教会では、「天国は家庭を基盤として成就される」と考えます。この家庭重視の統一教会の考え方に対し、「統一教会の主張は家庭万能主義である。結婚しない自由、家庭をもたない自由、子供を生まない自由もあるはず。統一教会は、非常に偏っている」と批判する反対牧師さえいるほどです。

統一教会は、地上で築いた家族関係が、そのまま天上天国（霊界）でも継続されると考えています。

統一教会で文師夫妻を「真の父母」と呼んでいるからといって、統一教会の教えが地上の親子関係を切り捨ててしまおうとする反社会的なものではないことを、明確に知っておく必要があります。

七、宗教的憎悪心から引き起こされた「脱税」裁判

イエスは、２０００年前、ユダヤ教から非難され、排斥されました。その迫害内容が、文師が今日、キリスト教から排斥され、迫害されてきた経緯とあまりにも類似している事実について、拙著『統一教会の正統性』（広和）に書きまとめています。

その書籍を題材に、ビデオ『丹心』（光言社）が作成されましたが、反対派のなかには、そのビデオの内容に対し、「それは間違っている」と批判する人がいます。これは、聖書にあまり精通していない統一教会信者を惑わして脱会させようという、悪意からきた批判です。

例えば、イエスも文師も、共に〝脱税〟の罪に訴えられたという類似点に対して、次のように批判します。

「ビデオ『丹心』では、イエスが『税金』に関することで訴えられたとして、マタイによる福音書17章24節を取り上げている。しかし、ビデオが示す聖書の箇所は、税金の話では

なく、『宮の納入金』の話であって、しかもイエスはそれを支払ったと書かれている。文鮮明が脱税のために検挙され、米国コネティカット州ダンベリーの連邦刑務所に収監されたことは、とかく内部の事情に暗い信者たちでもよく知っている事実である。ビデオ『丹心』を漫然と見ている限りでは、イエスも文鮮明と同じように『脱税』のかどで検挙されたことがあるという印象を受けるが、事実はそうではない」

しかし、この反対派の批判は誤りです。反対派は、マタイによる福音書17章24節は「税金」の話ではなく「宮の納入金」であると批判しますが、これは口語訳聖書を見て、そう断言したものと思われます。

しかし、「新共同訳聖書」で同じ箇所を見ると、「宮の納入金」という言葉が「神殿税」となっており、この「宮の納入金」が「税金」の一種であったことは明白です。

『旧約・新約　聖書大事典』（教文館）は、「神殿税」の項目で、このマタイによる福音書17章24節を取り上げており、また、同事典の「税」の項目では、次のように説明されています。

「3、〈新約時代のユダヤ人社会〉……ユダヤ人の男子はどこに住んでいようとも年に半シケル……または2ドラクマ（マタ17：24）の神殿税……を納めた。……4、〈新約聖書〉によれば、イエスは神殿に納めるものとカエサルに納めるものとについて……おのれの自由意志に従って支払い得るのである（マタ17：25、22：21並行）。それにもかかわらずイエスは国家に反逆的であると疑われ（マタ22：15以下並行）、かつ訴えられた（ルカ23：2）」（665ページ）

イエスは「税金」の問題で、「国家に反逆的であると疑われ、かつ訴えられた」と明記しているのです。

ルカ23章2節を見ると、この「税金」問題は、群衆がイエスを総督ピラトに訴えた3箇条の罪状のうちの、2番目に挙げられている罪状です。

反対派は、「ビデオ『丹心』を漫然と見ている限りでは、イエスも文鮮明と同じように『脱税』のかどで検挙されたことがあるという印象を受けるが、事実はそうではない」としますが、イエスは、検挙されただけでなく、群衆裁判によって〝死刑〟に処せられているのですから、この「税金」問題は致命的な問題だったのです。

ルカによる福音書23章2節について、山内精二著『キリストと教会』（小羊会）には、次のように説明されています。

「ローマ総督の承認がなければ何人にも死刑を宣告することができなかった。それ故、祭司長らはイエスの死刑執行を求めて、ローマ総督ピラトの許に訴え出た……ユダヤの議会がイエスに対し死罪にあたると認定したのは、彼が自ら『神の子、キリスト』と称えうることは神を瀆《けが》す者であり、これは死にあたる罪であるとした。しかしピラトはローマ人であり、異教徒であるから、ユダヤの宗教律法に基づく『神を瀆す者』との訴因ではピラトを納得させ難しと考え、祭司長らは、ピラトに対して別の訴えを申し出た。すなわち、イエスはユダヤの国民を惑わし、ローマ皇帝に対し税金を納むることを禁ずる……をもって訴え出た」（６４５ページ）

また、ウィリアム・バークレー著『イエスの生涯Ⅱ』（新教出版社）にも、次のように説明されています。

「ユダヤの役人たちは、もし彼らがイエスを瀆《とく》神の件でピラトに訴えたら、ピラトにはそれが民族的な宗教的な論争以上には思えない、誤った指導による迷信から出て来たものにすぎないとして、訴えを取り上げることを拒否するだろう、ということをよく承知していた。それゆえ、ユダヤ人がイエスにあびせた訴えは、彼が政治的撹乱者であり、彼はその国民を邪道に導いている、人々にローマ皇帝に税金を納入することを禁じている、自分を王にしようとしている（ルカ23・2）と言うのであった」（83ページ）

このように、イエスは、無実であったにもかからず、「税金」問題の罪に問われて、十字架の道に追いやられたのでした。

文師も「脱税」の罪などに問われ、１９８４年7月20日から1年1か月間、米国コネティカット州ダンベリー連邦刑務所に服役していますが、これは米国政府の一部の役人による宗教迫害、人種差別などに端を発した裁判によるもので、他の宗教者が行ったなら、全く罪に問われないのに、文師だけが特別に起訴されたもの（注：銀行口座に預けた宗教活動費に付いた預金利息に対して脱税したという嫌疑）です。また、陪審員制度による裁判で、公正な審議がなされなかったため、有罪判決が下されたものです。

このような米国政府による宗教迫害の背景を理解していた米国キリスト教協議会、米国バプテスト教会、モルモン教会、南部キリスト教指導者会議などをはじめとする40の宗教団体は、文師がダンベリーに収監されると、すぐに「文師支援」を表明し、熱心に「文師の無罪」を主張する信教の自由運動を展開しています。

この文師の裁判が、宗教迫害、人種差別に基づいた不当な「異端審問」的な裁判であった点を明らかにした書籍として、ジャーナリストの那須聖著『牢獄の救世主』（善本社）や、ピューリッツァー賞作家のカールトン・シャーウッド著『INQUISITION（異端審問）』などがあります。

このように、文師もイエスも、〝無実〟であったにもかかわらず、共に「脱税」の罪で訴えられたのは、歴史的事実なのです。

なお、文師とイエスは苦難の路程を歩まれましたが、その内容には多くの類似点がありますす。その点については、前述した拙著『統一教会の正統性』（広和）、ビデオ『丹心』（光言社）、および『1時間で分かる現代の摂理』（同）などを参照してください。

第六章　日本にも信教の自由の確立を

一、統一教会は「恐怖心」で信者を呪縛しない

反対牧師たちは、統一教会では、「恐怖心」などによって信者を縛り付け、脱会しにくいように仕向けていると言って批判します。しかし、この批判も事実とかけ離れています。統一教会の信仰をもつのも、やめるのも、本人の自由意思に任されていることです。

例えば、統一教会と出会った人の１００％が入信まで導かれればよいのですが、実際には、入信まで到達する人が少ないというのが実情です。それは、統一原理の教えを信じるかどうかは、あくまでも本人の主体的な判断に任されているからに他なりません。それでも統一教会信者が、短期間のうちに増えていったのは、その背後に神霊の導きが強烈にあったことと、統一原理のもつ理論の明快さ、および統一教会信者の熱心な布教活動があったためです。

文師は、「伝道の効果は霊的40パーセント、原理30パーセント、実践30パーセントとして表れる」（『御旨の道』）と語られ、特に、神や善なる霊界の協助の重要性を訴えておられます。

よく反対派は、「統一教会では洗脳している」と批判します。しかし、洗脳しようと思ったところで、できるものではありません。特に、１９８０年代以降は、信者が独自に営むビデオセンターでのビデオを使用した講義スタイルが増え、学ぶ人が自分の都合に合わせて学んでいくのが圧倒的多数となりました。本人自身の求道心が欠けていたなら、ビデオ受講中に寝ることも可能であり、また、一通りを学び終える前に受講しなくなることもいくらでもできたわけです。したがって、洗脳すること自体が不可能なことです。

むしろ、身体的かつ精神的強制が伴っているのは、反対派が行っている統一教会信者に対する脱会説得の方法です。本論で取り上げた富澤裕子さん、今利理絵さん、小林宗一郎氏、寺田こずえさん、美津子・アントールさん、それ以外にも小出浩久氏、鳥海豊氏、川嶋英雄氏、そして12年5か月の長期にわたって拘束された後藤徹氏のように、統一教会信者をマンションなどの一室に閉じ込めて監禁し、脱会説得をしています。

そして、何としても統一教会信者を棄教させようと、心理的揺さぶりまで用いています。例えば、「教団新報」には、「なぜ抜けれたのか」という項目で、元信者が次のように述べています。

「恐くなってきてコタツにうずくまっていました。そしたら母が怒ってコタツをひっくり

返したんです。その一撃で、理性の目がさめました」（1987年4月4日号第2面）

さらに、「まず教会に相談を」の項目では、元信者が次のように述べています。

「そうしたら親類のおじさんが、包丁を持ち出してきて『父さんや母さんの血が飲めるか』と言って、本当に切ろうとするんです。それが『血分け』（文鮮明の血を与えて祝福する儀式）のこととは全然頭になかったんですが、それでびっくりして、原理が真理であっても、私はもういいと思いました」（同）

逃げることができない監禁状態にあるだけでも、心的外傷後ストレス障害（PTSD）などの深刻な被害が報告されていますが、さらに追い打ちをかけるように物騒な言動が脱会説得の現場で行われているのです。反対派のやり方こそが、精神の健全性を破壊する行為ではないでしょうか。

実際に、「教団新報」ばかりでなく、監禁から逃げ帰ってきたメンバーの体験レポートである鳥海豊著『「脱会屋」の全て』（光言社）や、小出浩久著『人さらいからの脱出』（光言社）、川嶋英雄著『拉致監禁・百二十日間』（J－CARP広報部）、『強制改宗』（世界基督教統一神霊協会編、光言社)を読むと、同様の心理的な揺さぶりが反対派によって行われている事実が分かります。

反対派は、１９９０年代以降、〝洗脳〟という言葉を使うのをやめて、もっぱら「統一教会はマインド・コントロールしている」という言葉に変更して批判しましたが、この〝マインド・コントロール〟という概念自体、非常に曖昧《あいまい》な概念であり、アメリカの権威ある「科学的宗教研究学会（ＳＳＳＲ）」では、１９９０年11月の協議会で「マインド・コントロール理論の非科学性を再確認する決議案を、満場一致で採択」しています（増田善彦著『「マインド・コントロール理論」その虚構の正体』光言社、19ページ）。

〝洗脳〟や〝マインド・コントロール〟という小賢しい方法を用いて布教活動をしているという批判は、実際に伝道をし、その難しさを身をもって体験した多くの統一教会信者にとっては、「机上の空論」にすぎません。

一人の新たな霊的生命を生み育て、牧会していくには、人間的な努力や知恵では不可能であることを思い知らされることが多くあります。人に見られないところで、神への誠心誠意を込めた祈りを真剣に捧げ、また、伝道対象者へ真心を込めて手紙を書いたり、また訪問したりし、いわゆる〝産みの苦しみ〟を経ていくなかで、やっと一人の人が信仰に立つという場合が少なくありません。

反対派の批判には、「統一教会では『霊界の呪縛』といって、原理から離れてしまうと、先祖たちから讒訴《ざんそ》されてしまい、霊界に行ったらとんでもないことになる……」（1993年9月号「福音と世界」新教出版社、34ページ）と言って、統一教会信者に恐怖心を植え付け、統一教会から抜け出せないようにマインド・コントロールをしているという批判があります。しかし、この批判も、事実無根です。

ところで、聖書にはイエスが語られた次のような言葉が収録されています。

「もしあなたの片手または片足が、罪を犯させるなら、それを切って捨てなさい。両手、両足がそろったままで、永遠の火に投げ込まれるよりは、片手、片足になって命に入る方がよい。もしあなたの片目が罪を犯させるなら、それを抜き出して捨てなさい。両眼がそろったままで地獄の火に投げ入れられるよりは、片目になって命に入る方がよい」（マタイによる福音書18章8～9節、および同5章29～30節）

「人の前でわたしを受け入れる者を、わたしもまた、天にいますわたしの父の前で受け入れるであろう。しかし、人の前でわたしを拒む者を、わたしも天にいますわたしの父の前で拒むであろう」（同10章32～33節）

「世の初めから流されてきたすべての預言者の血について、この時代がその責任を問われ

る。そうだ、あなたがたに言っておく、この時代がその責任を問われるであろう」（ルカによる福音書11章50〜51節）

「いったん、光を受けて天よりの賜物を味わい、聖霊にあずかる者となり、また、神の良きみ言葉と、きたるべき世の力とを味わった者たちが、そののち堕落した場合には、またもや神の御子を、自ら十字架につけて、さらしものにするわけであるから、ふたたび悔改めにたち帰ることは不可能である」（ヘブル人への手紙6章4〜6節）

統一教会の教理が霊界の内容について言及することを違法と言うなら、このようなみ言《ことば》が収録されている聖書こそは、〝恐怖心〟を信徒に植えつけ、信仰を失わないようにマインド・コントロールしている、といった批判が成り立つことになるでしょう。特にキリスト教への迫害が厳しい時代において、それでもなお、クリスチャンが信仰を棄てなかったことに対し、そのように批判できることでしょう。しかし、事実はそうでありません。

脱会説得の場面で、元信者が、「文師の写真を破ったので、永遠に救われない」と思った（「教団新報」１９８７年4月4日第2面）とか、ある信者の手をつかんで、文師の写真をたたかせたところ、「どうしよう、たたいちゃった、霊界から罰を受ける」（「教団新報」１９８６年4月26日第1面）と思ったというように、〝罰《ばち》論的〟に物事を考え、恐怖心を抱いたという発言をしています。

しかし、統一教会が真に主張しているのは、メシヤは、すべての人を救うために遣わされたお方であるという点です。実際、『原理講論』の「予定論」には、「堕落人間はだれでもみな、救いをうけるように予定されている」（２４６ページ）と明記されているのであり、どんな罪をも許し、救っていこうとされるのがメシヤであると考えているのです。にもかかわらず「罰があたる」とか、「地獄に堕《お》ちる」と考えること自体が、誤った信仰観と言えます。メシヤは罪人を救うのがその使命であって、裁いたり滅ぼしたりするために来られる方ではありません。

かつてキリシタン迫害の際に、迫害者がキリシタンに踏ませた「踏み絵」のように、文師は踏まれても蹴られても、また中傷されても、一言も弁明することなく、むしろ「迫害する者のために祈れ！」と語られてきました。

無実にもかかわらず〝脱税の罪〟に問われ、米国ダンベリー刑務所に収監される際も、「アメリカのために祈れ！」と語られ、決して「地獄に堕ちろ！」などと呪ったりすることはありませんでした。

遠藤周作著『沈黙』には、司祭が〝踏み絵〟を踏もうとするときに、次のようなイエスの声を聞いたと述べています。

「その時、踏むがいいと銅板のあの人は司祭に向かって言った。踏むがいい。お前の足の痛さをこの私が一番よく知っている。踏むがいい。私はお前たちに踏まれるため、この世に生まれ、お前たちの痛さを分かつため十字架を背負ったのだ」

文師も、ここで描かれたイエスと同じ精神を貫いて歩んでこられました。

元信者が、監禁場所で、文師の写真や『原理講論』を破いたりしなければならないのは、キリシタン迫害の際に用いられた〝踏み絵〟と同じ手法が取られているからであり、統一教会が罰論的な恐怖心を持たせることで脱会させないように、信者の心を縛っていると批判すること自体、全くの誤解としか言いようがありません。

つまり、監禁されて追いつめられた人が、写真を破いたといった次元のことで、神が罰を与えたり、裁いたりすることはないことを理解しておく必要があります。

キリスト教史の中でも、長い間、踏み絵を踏まされる迫害の時代がありました。しかし、たとえある信者が踏み絵を踏んだとしても、そのことで、即座に裁きを与えられるような神だったでしょうか？　むしろ踏まれても沈黙し、忍耐し、涙を流して、すべてを許し、なおも救いの手を差し伸べていこうとされたのが、統一教会で説いている神の姿です。

神は、人類に対して「父母の愛」、「許しの心情」をもたれたお方であり、人類の不信仰を絶えず許し、救うために長く忍耐してこられたということを強調して教えているのが統一教会の教えの核心です。

もし神が、あわれみあり、恵みあり、怒ることおそく、いつくしみ深い方でなかったとするなら、人類はとうの昔に滅ぼし尽くされ、復帰摂理が続けられるということ自体、すでにあり得なかったはずです。

罰論的に考えてしまう人がいるとするなら、それはアベル（イエス＝メシヤ）を犠牲にしてでも、不信仰者のカイン（全人類）を救おうとなさる神の摂理を解き明かした統一原理の教え（参考：『原理講論』４２２ページ）の何たるかを、真の意味で理解していないからだ、としか言いようがありません。

文師も、「父母の心情、僕《しもべ》の体」をモットーに、常に自己犠牲と奉仕の生活を実践してこられました。その事実は、興南の証し（『愛の奇跡』光言社、66～98ページ）や、ダンベリーの証し（『伝道の精神』光言社、77～１２６ページ）などが裏付けています。

文師は、たとえ自分が踏まれても「その犠牲によって人類に恵みがいくならば、自分はそれでよい」という思想をもって生活しておられるのです。

二、閉鎖した環境での論争・説得は暴挙

おじの「場所を変えて話そう」の言葉に、和やかな空気がかき消され、一瞬にして変わった姉の表情から、山﨑浩子さんは、

「しまった、やられた。姉たちが拉致・監禁をするなんて」

と思ったと述べています（『愛が偽りに終わるとき』）。その後、浩子さんは見知らぬマンションに連行されました。

そこには、10キロのお米が4袋、食料品も備えられ、姉の意気込みを知った浩子さんは

「こんなの話し合いじゃない」と泣いて抵抗しますが、姉は「家なんかでやったら、すぐ統一教会の人が来ちゃうもの」と言いくるめます。

やがて姉は、「私が牧師さんとつながっているのは知っているよね」と手の内を明かし、結局、親族の話し合いの場に、反対牧師が加わることとなります。

親族は、マンションを借りたのは〝話し合い〟を妨害されないためとします。しかし、親族の話し合いならば、なぜ、その場に反対牧師が介入するのでしょうか。反対牧師や元

信者は自由に出入りするのに、なぜ統一教会（信者）は排除されるのでしょうか。それは、信者の脱会に目的があるからです。

自由な環境での話し合いでは、脱会させるのが困難であるため、自宅以外の場所を準備し、そこに信者を隔離するのです。

川崎経子牧師は、次のように述べます。

「『統一原理はキリスト教の奥義を解明したものだ』といっています。それならどうして、牧師との話し合いを避けて、〝偽装脱会〟と逃げ帰ることを勧めているのでしょうか」（『統一協会の素顔』161ページ、および234ページ）

川崎牧師は挑発的に述べていますが、信者が〝偽装脱会〟を試みざるを得ないのは、その場が信仰を維持したままでは監禁から解放されない環境であることを裏付けるものです。反対牧師は、自分たちの信じるキリスト教を〝絶対〟とする立場から説得します。この牧師の立場に対して、統一教会は、他宗教にも〝神の啓示〟が与えられていることを認めるという、根本的立場の違いがあります（『原理講論』484ページ）。

統一教会の教えには、諸宗教の和合一致を可能にする内容があります。統一教会の草創期から今日まで、多くの仏教徒らが統一運動に加わっている事実からも、それが分かります。

杉本誠牧師は、「統一協会はイエスの十字架が失敗したという一つの解釈を立てるんです。……聖書の根本的な中心に対しての否定なんですね。これはもうキリスト教とは言えない」(『統一協会信者を救え』 152~153ページ)と批判します。

ならば、イエスは最初から十字架にかかろうと意図していたのではないと主張するボンカムやシュバイツァーらの神学の立場もキリスト教ではないのでしょうか?

また、浅見定雄氏は、「統一協会は、聖書も『真理それ自体ではなく』などと教えていながら、実際には自分たちの教えのすべてをその聖書で基礎づけざるを得ないという矛盾を犯している」(『統一協会=原理運動』 33~34ページ)と批判します。

しかし、これは浅見氏の統一原理への理解が浅いことを示しています。

『原理講論』に、「人間を命の道へと導いていくこの最終的な真理は、いかなる教典や文献による総合的研究の結果からも……編みだされるものではない。……あくまでも神の啓示をもって、我々の前に現れなければならない」(37~38ページ)とあるように、統一原理は新しい啓示に基づく教えであり、その新しい啓示の立場から、聖書の文字の背後に隠された神の真意を説き明かすために、聖書解釈を行っているのです。教えを聖書で基礎づけているわけではありません。また、統一原理には、新約聖書編纂後の復帰歴史（キリスト教史など）についての記載も多く含まれており、「教えのすべて」を聖書で基礎づけているなどという評価が誤りであることは一目瞭然です。浅見氏は、そのような基本的なことさえ理解していません。

反対牧師は、もし統一原理が真理ならば〝どんな環境〟でも逃げず、堂々と論争すべきだと挑発します。しかし、イエスがみ言《ことば》を説いたことに対し、律法学者やパリサイ人がかたくなに受け入れなかったごとく、真理を説いたとしてもそれを受け入れるかどうかは聞いた人間の責任分担にもかかわる問題です。したがって、棄教するまで解放しない立場を取りながら、監禁からの脱出を非難することこそが、本末転倒もはなはだしいと言えます。

そして、人類歴史自体を振り返ってみても、その争いの主要な原因には、宗教的見解の違いがあります。イエスの没後２０００年を経た今でも、ユダヤ教はイエスをメシヤとは信じません。ルターから始まるプロテスタント教会は、カトリック教会から異端とされ、迫害された経緯があります。このように、宗教的寛容の精神をもたないならば、新しく現れた宗教は、常に母体となる宗教から迫害される結果となるのです。したがって論争となってしまいます。

宗教的真理を、閉じ込められた空間、拘束された環境で、どちらが正しいかを論争すること自体が、かつての〝魔女狩り〟の歴史的過ちを繰り返すものです。宗教的真理を究めるには、開かれた環境で、開かれた寛容な心をもって幅広く対話していく必要があります。限られた神学的知識しかもたない一般信者を相手に、キリスト教の専門家とも言える反対牧師が監禁下の信者に論争を挑み、脱会させようとするのは、暴挙以外の何ものでもありません。

山﨑浩子さんの例で見るように、カール・バルトとエミール・ブルンナーの「自然神学論争」さえ知らず、神学的知識をほとんど持ちあわせていない一般信者を相手に、いきなり、自然神学論争に関連したハンフリート・ミューラー著『福音主義神学概説』をぶつけて、脱会説得をする場合もあります。

その書籍を読まされた山﨑浩子さんは、「たった数行の文を見せられた時、私は、身体の中がカーッと熱くなったのを感じた」（『愛が偽りに終わるとき』192ページ）といいます。単純に結論づけることができない神学論争に対し、「たった数行の文を見せられた」だけで、信者に結論づけさせてしまう、その反対牧師の策略的な話術にこそ、〝狡猾《こうかつ》さ〟を感じずにはおれません。

〈「自然神学論争」の問題については、拙著『「原理講論」に対する補足説明』（広和）の189～227ページを参照〉

三、「信教の自由」を確立するまでのキリスト教の歴史

1、排他性をもつキリスト教——イスラム教との出会いで変貌

文師は長年、諸宗教の和合一致のために超宗派運動を推進してこられました。それは、冷戦終結の後、宗教間の対立が深刻化することを予見し、世界の恒久平和実現には諸宗教の和合が必要不可欠と考えておられたからです。

宗教は人々に生きる希望や力を与える反面、自分たちの宗教の正当性のみを主張した場合、宗教間の対立が生じ、血で血を洗う凄惨な争いともなります。十字軍戦争がそれです。ゆえに諸宗教がいかに和合していくかが、歴史的な課題であると言えます。

現在、反対牧師は「統一教会は異端」と排斥しますが、歴史を見ると、この正統異端論争によって数多くの血が流されました。

伝統的ユダヤ教から見ればキリスト教は異端であり、また、カトリックから見ればプロテスタントは異端です。そこで生じた「憎悪心」は多くの人命を奪ってきたのです。

半田元夫氏は、その著書『原始キリスト教史論考』（清水弘文堂）で次のように述べています。

「『福音書』を貫く黒く太い線は、イエスに対するユダヤ側の激しい憎悪と、イエスを陥れようとする陰湿な策謀の連続であり、『使徒行伝』を読み進んでいけば、そこに見られるユダヤ教の原始教団に対するきびしい敵意の事実によって、われわれの甘い想定は、つぎつぎに打ち砕かれるのである。

早くも『使徒行伝』7章、8章には、ステパノの殉教に続いて、『エルサレムの教会に対して行なわれた大迫害』が記録されている。この迫害は、たまたま記録に残されている回心前のパウロの行動だけをたどってみても、『家々に押し入って、男や女を引きずり出し、つぎつぎに獄に渡して、教会を荒し回った』という激しいものであり、さらに逃げる信者を『脅迫、殺害の息をはずませながら』、『外国の町々にまで』追いかけて行って、『見つけ次第、男女の別なく縛りあげて、エルサレムにひっぱって来る』という凄じさであった」（36ページ）

キリスト教がローマ帝国から迫害を受けるきっかけは、ユダヤ教の宗教的憎悪心による非難からでした。「クリスチャンは家庭を破壊する」「性的不品行をする」「国家の安全を脅かす」などと吹聴して、ローマ当局に訴えたのです。そして、「キリスト教はユダヤ教とは別宗派、えせ宗教」とし、ローマ当局も、クリスチャンの集団をユダヤ教とは別ものと認識し、やがてキリスト教は「非公認宗教」として迫害されるようになったのです。

ユダヤ教はキリスト教を排斥し続けましたが、キリスト教はユダヤ教を許し愛して、ローマ帝国迫害時代を乗り切っていきます。初代教会時代には、キリスト教は、ユスティノスの「ロゴス胚種論《はいしゅ》」に代表されるように、他宗教や哲学に対して、極めて寛大な精神をもっていました。それは、次のように考えていたからでした。

「ユスティノス（100頃〜165）であるが、彼は……『ロゴス胚種論』を展開した。……すべての人間はロゴスの胚種を生まれながらにして持っているという理論である。ソクラテスのような異教徒であっても真理について語り得たのは、イエス・キリストにおいて完全に啓示されたロゴスの一部分、すなわちロゴスの胚種をもっていたからだと説明される。したがって、キリスト教は諸哲学の部分的な真理性を完成成就した真の哲学なのである。このようなユスティノスのロゴス胚種論は、さらにアレクサンドリアのクレメンス（150頃〜215頃）によって、いわゆる『福音のための準備』論にまで発展していった。クレメンスによれば、諸宗教や諸哲学はキリストに人々を導く教師であり、またその準備だからである。クレメンスの議論は、さらにオリゲネス（185頃〜254頃）によって組織神学にまで拡張する」（古屋安雄著『宗教の神学』ヨルダン社、124ページ）

他宗教や哲学にも真理があると考える、このような寛容精神を持った初代キリスト教は、殉教の血を流しながらも、やがてローマ帝国の国教にまでなりました。

ところが、その後、キリスト教はユダヤ教を敵視するようになっていきます。「神殺し」「キリスト殺し」の名の下、ユダヤ人を迫害したのです。

特にその傾向が強くなったのが、7世紀に興ったイスラム教との出会いを通してです。ティリッヒは次のように述べています。

「7世紀になると……キリスト教の最初の外部的な出会いが、新興の、そして熱烈な信仰であるイスラム教の勃興《ぼっこう》とともに起り、イスラム教は東方キリスト教圏を侵略しながら、隷属させせながら、縮小させながら、そして全キリスト教世界を威嚇《いかく》しながら、狂信的に既知の世界を征服したのでした。……

キリスト教はイスラム教から自らを防御せねばならない一個の宗教としての自己自身に、

気づくことを余儀なくされたのであります。防御は防御者を偏狭にする法則にしたがって、キリスト教はこの点で徹底的に排他的となりました。十字軍はこの新しい自己意識の表現であり、新しい世界宗教とキリスト教の最初の出会いの結果でした。……

イスラム教との出会いを通して、排他的になったキリスト教徒の自己意識は、ユダヤ人に対して変更された態度をまた生ずる結果となったのでした。……ユダヤ人たちはごく初期の時代では寛大に取り扱われ、しばしば（キリスト教徒に）歓迎されたのでした。というのは、キリスト教会はユダヤ人たちの回心を待っていたからでした。しかし、イスラム教との出会いのショックの後、キリスト教会はユダヤ教を全く別の宗教として意識するようになり、反ユダヤ主義が狂信的になった」（ティリッヒ著『キリスト教徒仏教徒＝対話』桜楓社、42〜44ページ）

寛容精神を失ったキリスト教は、ユダヤ教徒やイスラム教徒を敵視し、十字軍戦争の際には残虐な殺戮《さつりく》行為に走ります。特に、イスラム教側が『コーラン』において、キリスト教の三位一体は間違いであり、三位一体を信じ続けていると、神はクリスチャンに天罰を下すと論じていることに対し激しい憎悪心を燃やします。そして、内部に生じた「異端」に対しても憎悪心をもち、おぞましい〝魔女狩り〟をするようになります。中世暗黒時代は、こうして到来するようになりました。

その暗黒時代から脱出するために、再びキリスト教は「宗教改革」を行い、数多くの血を流しながら「信教の自由」を求めて戦ってきたのです。

キリスト教が今後、世界平和に寄与できるかどうかは、初代教会時代に持っていた超宗派的な〝寛容精神〟を取り戻すことができるかどうかにかかっていると言えるでしょう。

2、「信教の自由」を成文化したアメリカ憲法

「信教の自由」が人類史上、初めて成文化されたのが1791年11月3日、アメリカで制定された「憲法修正第一条」でした。この憲法修正第一条は、信教の自由を語る上で絶対に欠かせないものです。

『原理講論』に「イギリスの専制主義王制のもとで弾圧を受けていた清教徒たちが、信仰の自由を得るためにアメリカの新大陸へ行き……アメリカの民主主義を樹立したのであった。このように……アベル型の人生観を中心として、信仰の自由を求めるため……」とありますが、このアベル型人生観の結実と言えるものが、信教の自由を守るために制定された「憲法修正第一条」です。これが制定されたのは、カイン型人生観の結実である178

9年8月26日のフランス革命の「人権宣言」から2年後のことです。「憲法修正第一条」は、国家と教会の分離を規定しており、それを簡潔に言えば、少数派の権利を守るために、①国家は特定の宗教を公認してはならない（注：もし特定の宗教だけを公認すれば、非公認の宗教は弾圧の対象となり得る）、②国家は、宗教上の礼拝、言論や出版の自由などを禁じたり、人民が平穏に集会する権利を侵害したりする法律を定めてはならない、とするものです。

この「憲法修正第一条」が制定されるようになった背景には、思想・言論・結社などの自由をめぐって、カトリック教会、イギリス国教会、プロテスタント教会が互いに排斥、弾圧し合い、場合によっては、親族間で信仰問題をめぐって争い合うという悲劇が起こったからでした。そのような歴史的過ちを二度と繰り返してはならないという深い反省から来ているのです。

例えば、ピューリタン（清教徒）が胎動し始めた16〜17世紀のイギリスでは、「首長令」を出したヘンリー8世以降、王位継承権争いに信仰問題がかかわり、王室内で王族らを中心に、カトリックか、プロテスタントか、あるいは中道（国教会）か、をめぐって各陣営が火花を散らす争いをしました。特にメアリ一世（1553〜58在位）の治下で起こった、プロテスタント指導者らに対する「スミスフィールドの虐殺」は、凄惨《せいさん》な事件でした。

また、ヨーロッパ大陸に目を向けると、ドイツでは、カトリックとプロテスタントによる「三十年戦争」で多数の国民が犠牲となり、人口は約1600万から600万人にまで減少しました（ウォーカー著『キリスト教史③宗教改革』、202ページ）。フランスではユグノー（カルヴァン主義者）を弾圧する「ユグノー戦争」で国土が荒廃、特に1572年8月の「聖バルトロマイ祭日の虐殺」では約1万人が虐殺されたと言われます。

正統異端論争に伴う宗教弾圧によって行き場を失った人々は、信教の自由を求め、スイスやオランダ、イギリスなどに亡命したのです。しかし、その地も、彼らにとって安住の地ではありませんでした。やがて、それらの人々の中から新大陸アメリカへ移住し始めるグループが現れるのです。

その代表者がメイフラワー号のピルグリムファーザーズたちです。それ以外にも、続々とヨーロッパ各地から、信教の自由を求めてアメリカに渡った集団がありました。彼らは多種多様で、カトリックから弾圧されたプロテスタント以外にも、逆にプロテスタントから弾圧されたカトリック教徒も含まれ、さらにはメソジスト派、バプテスト派、クェーカー派、メノー派、そしてユダヤ教徒など、さまざまな宗派の人々が移住し、アメリカは宗教のるつぼと化していきました。

ところが、信教の自由を求めてアメリカに来た彼らであったにもかかわらず、そのアメリカの地で、またもや悲しむべき事件が起こりました。それが17世紀の「セイラムの魔女狩り」です。最も激しかった1692年、わずか3か月間で20名の人間と2匹の犬が、魔女として処刑されたのです（曽根暁彦著『アメリカ教会史』69ページ）。

真の愛によってお互いが信頼し尊重し合えればよいのですが、自分たちの教理の絶対性だけを先立たせれば、やがて醜い宗教間の争いとなって、異端審問、魔女狩りとなってしまうのです。それゆえ、たとえ親族間であったとしても、思想、信教の違いによって争い合うことがないよう、少数派の権利を守るために定められたのが「憲法修正第一条」であったというわけです。

信教の自由を成文化したアメリカの「憲法修正第一条」は、まだ完璧なものではないという議論があります。真の〝信教の自由〟の確立は、再臨主を中心とする理想世界の到来を待たねばならないと言えるでしょう。

3、ピューリタンたちが歩んだ涙ぐましい道のり

信教の自由のない中世の暗黒時代は、ローマ教皇が絶対的権威をもち、教皇庁を中心とする社会構造が確立していました。そのような社会システムのなかで、信仰の腐敗を叫ん

で、宗教改革を行っていこうとすれば、宗教改革者たちはその社会で生きていくことができなくなります。事実、宗教改革を叫んだ人々は、ジョン・ウィクリフ、ヤン・フスの例に見るように〝異端審問〟にかけられ、場合によっては、極刑に処されるという道に追いやられていったのです。

マルティン・ルターは、1517年10月31日、免罪符に抗議する〝95か条の提題〟を発表し、カトリック教会から激しく迫害されるようになります。翌年9月、審問に向かう際、彼は死を覚悟したほどです。そして、1520年6月、ローマ教皇から破門威嚇《いかく》の大教書が発せられました。

そのような状況のなか、彼は1520年8月に『ドイツのキリスト者貴族に与える書』、10月に『教会のバビロン幽囚』、11月に『キリスト者の自由』を出版しました。いわゆる宗教改革の〝三大文書〟と呼ばれているルターの著作です。

1521年4月、ヴォルムス国会での審問後、命の危険にさらされたルターは、ザクセン侯フリードリヒによって助けられ、ヴァルトブルク城にかくまわれました。そこで、彼はサタンとの激しい霊的闘いをしながら聖書をドイツ語に翻訳し、ドイツ語聖書を出版していきました。これらのルターの著作およびドイツ語訳聖書が宗教改革の大きな原動力となり、またたく間に宗教改革の嵐が全ヨーロッパに波及していきました。

しかし、そのルターの神学的立場は、カトリック教会が中世時代に築き上げた強固な社会構造を根本的に変革するには限界があったのです。大木英夫氏は、『ピューリタン』（中公新書）で、次のように述べています。

「彼（ルター）の立場は、封建領主（フリードリヒ）のもとで（聖書を翻訳）執筆していたことに象徴されるように、おのずから限界をもっていた。それは政治と宗教の二統治説であり、やがて彼の教説はドイツ諸侯の政治目的に利用され、福音的自由の立場の社会的自由への展開がはばまれた」（34ページ）

ルターは、世俗権力は国王が統治し、霊的世界は教会が統治するように神は意図しておられるという〝二王国論〟を説いたため、為政者の手から〝教会〟を分離させることができず、やがてルターの思想はドイツ諸侯によって政治目的に利用されることとなり、〝信教の自由〟を真の意味で切り開いていく社会的展開が阻まれる側面があったのです。

一方、『キリスト教綱要』を著したジャン・カルヴァンの神学的立場は、世俗権力も含め、社会の全領域が神の意志に従うべきであるとし、国家権力からの教会の独立を要求するものでした。この信仰を徹底化させるカルヴィニズムの流れから、社会制度を変革させるピューリタン（清教徒）思想が生まれ、やがて〝信教の自由〟が確立されていくようになるのです。

大木英夫氏は、カルヴィニズムから生まれたピューリタン思想について、『ピューリタン』（中公新書）で、次のように述べています。


「ピューリタンの歴史を見てあきらかなことは、この思想にとりつかれた人間は、地上に定着できない人間になっていくという事実である。ピューリタンの生の本質は〈エミグレ〉と称することができる。エミグレ、それはあのメアリ女王の反動宗教改革の迫害（1553〜58年）を逃れたプロテスタントが、ジュネーブやその他ラインランドの諸都市に亡命したときに名づけられた名称である。それは『亡命者』『移住者』を意味する。このエミグレたちはエリザベス即位と共に（再びイギリスに）帰国した。そして彼らがもたらしたジュネーブの宗教改革の報道がカートライトのような若い神学者たちをピューリタン運動へとかり立てていったのである。ピューリタン運動はエミグレによって開始されたと言うこともできる。……

彼（カルヴァン）はフランスのプロテスタントを弁護するとともに、国家権力からの教会の独立を要求した。これは、『神の主権』や『摂理』の信仰により生の全領域を神の意志に服従せしめようとするもので、ルターの二統治説は克服された。彼の教理にもとづいて行なった『神政政治』により、ジュネーブの町は『聖徒の町』と化し、カルヴィニズム運動の中心地となったのである。ピューリタニズムはカルヴィニズムの流れに属している」（32〜35ページ）

社会全領域が神の意志に従うべきとするピューリタンは、その信仰を徹底化させようとするため、当然、為政者から反感を買って迫害されるようになります。やがて、その社会で暮らせなくなり、地上の放浪者になってしまうというのです。このピューリタンたちによって、中世時代のローマ教皇庁を中心として築き上げられた一枚岩の社会システムが崩壊していくようになります。そして、そのようなプロテスタント陣営の少数派の思想や出版、結社の自由などを保障するために、新たな社会システムとして、今日における自由主義社会制度が生まれてきたのでした。

ピューリタンたちはカトリック体制が盤石なヨーロッパ各地で迫害され、その迫害の手が及びにくいイギリスへと亡命しました。

ヘンリー8世によるイギリスの宗教改革は、国王自身の〝離婚問題〟に端を発します。カトリック国のスペイン王家から嫁いだ妻キャサリンは、メアリ1世を生みますが、男の世継ぎを残せません。ヘンリー8世は、妻キャサリンと離縁し、寵愛する侍女アン・ブーリンと再婚したいと望むようになります。ところが、カトリック教会は離婚を禁じており、しかも、当時のローマ教皇はキャサリンの甥カール5世の監視の下におかれていたために、離婚許可が下りませんでした。キャサリンとの離縁が難しいと見るや、ヘンリー8世は、1534年11月に「首長令」を出して、国王こそがイギリス領土内の教会における唯一最高の首長であるとし、ローマ教皇の統治権を退けてローマから分離独立したのでした（小嶋潤著『イギリス教会史』刀水書房）。

こうして、教皇庁と袂《たもと》を分かち、ローマと分離したイギリスは、カトリック社会では生きていけないピューリタンの絶好の逃れ場となったのです。ところが、彼らはその後、イギリス王室内での信仰をめぐる王位継承権争いに翻弄《ほんろう》されていくこととなるのです。

ヘンリー8世は、再婚したアン・ブーリンとの間にエリザベス1世をもうけますが、男の世継ぎがおらず、結局、次の妻であるジェーン・セイモアとの間で、やっと待望の男の世継ぎのエドワード6世をもうけるのです。

ヘンリー8世の死後、9歳で即位したエドワード6世は、若くしてプロテスタント信仰に目覚め、カルヴァン主義の信奉者となり、カルヴァンからも親書を送られます。トマス・クランマーの支えで宗教改革は急激に推進されますが、エドワード6世は幼少期より病弱でした。彼に次ぐ王位継承権は異母姉のメアリ1世がもっており、彼女は熱心なカトリック信者でした。

病弱なエドワード6世の余命が短いと見るや、プロテスタント陣営は慌てて、メアリの王位継承権の剥奪《はくだつ》をもくろみ、プロテスタント陣営の人物を王位に推挙しようと画策したのです。ところが、風雲急を告げ、その画策中にエドワードが没するのです。メアリ1世は即位後、カトリックへの回帰を宣言し、やがて自分を追い落とそうとしたプロテスタント指導者らを次々に処刑していきます。これが有名な「スミスフィールドの虐殺」です。

このとき、多くのプロテスタント指導者がスイスなどに亡命しました。しかし、メアリ1世は、ローマ教皇庁との関係修復ができないまま、病に倒れ、その治世はわずか5年間の短期で終わったのでした。

メアリの死後、その異母妹であったエリザベス1世に王位が継承されることとなります。プロテスタントとカトリックの両陣営による、信仰をめぐる親族間の愛憎劇を見てきたエリザベス1世は、そのどちらにもくみしない、中道の道を行くようになります。彼女は、ヘンリー8世が「首長令」を出した、その路線に立ち帰って、教皇の代わりに英国王を〝首長〟に据え、イギリス国教会を磐石なるものとしていったのでした。このエリザベスの政策は、ピューリタンにとってみれば、教皇から英国国王に首がすげ替わっただけでした。

自由な礼拝を望み、国家権力からの教会の独立を願った彼らは、やはり地上の放浪者とならざるを得ませんでした。

こうして、イギリスでも迫害されたピューリタンはオランダに亡命し、その亡命先で、二世（子女）教育の問題に苦悩するようになります。信仰一世は、信仰の動機が自分自身にあり、たとえ経済的に困窮しても、苦難が襲っても、忍耐し、試練を越えていけます。しかし、信仰二世は、試練に立たされると、世俗化の波にのみ込まれ、倒れていくのです。「こんなはずではない」と泣き濡れて祈るピューリタンに、「アメリカへ行け！」との神の啓示が降りました。

そうして、住み慣れた故郷や親族らと別れ、信教の自由を求めてアメリカに渡っていったのが、ピルグリムファーザーズたちでした（石原兵永著『清教徒』山本書店）。

彼らは、教皇、国王の代わりに〝メイフラワー盟約〟を中心に掲げ、契約社会を築いていきます。しかし、人間の内面に巣くった堕落性が、その契約社会のシステムを崩壊させようとします。

ピルグリムファーザーズが築いたプリマス植民地の2代目総督ブラッドフォードの嘆きを、大木英夫氏は次のように紹介しています。

「メイフラワー契約はほとんど不可能な企てであった。ブラッドフォードは晩年、告白している。

『ああ神聖なる絆よ、破れないままにたもたれている間は！　それから豊かに流れる果実はなんと甘美で貴重なものだったろう。しかし一度この絆を守ろうとする心がくずれて来ると、破滅が近寄って来るものである。……悲しいかな、かの陰険な蛇が、必要性だとか何とかことさらに立派な口実のもとに、神聖な契約や絆《きずな》を解くべくひそかにしのびこみ、無神経にも次第に絆を断ち切るか、すっかり弱めてしまおうとしているのである……』

このブラッドフォードの嘆きの中に、近代社会の契約化にまつわる深刻な問題を感受できるだろう。しかもこの契約化が不可避な必然性として進行するにもかかわらず、それを美しく維持することが可能なのであれば、この嘆きもまた近代人の運命であろうかと怪しまざるを得ないのである」（『ピューリタン』１００ページ）

カトリック教会が盤石な基盤をもつ社会では、「教皇」が、いわば父親のような求心力を持つ権威者として立ち、社会が一つにまとまることができます。イギリス国教会においては、教皇に代わって「国王」が父親のような権威として立ち、社会が一つにまとまることができます。

そのような父親的な権威者を擁しないピューリタンは、当面、一つにまとまるための権威として「メイフラワー盟約」（契約）を据え、社会の中心にもってきたのです。そうして出来たのが人々の〝良心〟を礎とする契約社会です。しかし、その契約が守られず、社会システムが崩壊しようとするとき、求心力をもって社会を一つに結びつける権威的存在がいません。そこで、教皇や国王に代わって、４年ごとに入れ替わる「大統領」を立てて、社会システムの崩壊をくい止めようというのです。

このように地上を放浪しながら、涙ぐましい歴史的背景を通過し、アメリカにおいて、やっと信教の自由を結実させたのが、「憲法修正第一条」だったのです。

このような歴史的背景や信教の自由の意義が分からない日本は、家父長制度の流れをもつ社会通念から、親が子を監禁してでも脱会させようとする愚行を取り締まれないままでいるのです。早急に「信教の自由」を確立させ、何年間でも監禁し脱会説得をするという親族や反対牧師らの蛮行を終わらせなければなりません。

日本が世界の先進国家と同等の「信教の自由」を確立するには、信仰をめぐって親族間や民族間で争い合ったキリスト教が、その悲劇を二度と繰り返してはならないとして、信教の自由を確立させていった背景を深く学び、それを相続していかなければなりません。

【参考図書】

『原理講論』（光言社）
『天聖経』
『宗族的メシヤ』（光言社）
『祝福家庭と理想天国（Ⅰ）』（光言社）
『聖書』（日本聖書協会）
『聖書 新改訳』（いのちのことば社）
『聖書（バルバロ訳）』（ドン・ボスコ社）
『聖書（フランシスコ会訳）』（中央出版社）
『新共同訳聖書』（日本聖書協会）
『キリスト教大事典 改訂新版』（教文館）
『日本キリスト教歴史大事典』（教文館）
『新キリスト教辞典』（いのちのことば社）
『旧約・新約 聖書大事典』（教文館）
『聖書辞典』（新教出版社）
『新聖書辞典』（いのちのことば社）
『新聖書大辞典』（キリスト新聞社）
『キリスト教百科事典』（エンデルレ書店）
『旧約聖書ヘブル語大辞典』名尾耕作（聖文舎）
『新共同訳・旧約聖書注解Ⅰ』（日本基督教団出版局）
『新共同訳・新約聖書注解Ⅰ』（日本基督教団出版局）
『新聖書注解・旧約1』（いのちのことば社）
『改訂版・カトリック聖書新注解書』（エンデルレ書店）
『NTD新約聖書註解1マルコによる福音書』E・シュヴァイツァー（ATD・NTD聖書註解刊行会）
『ATD旧約聖書註解1創世記』フォン・ラート（ATD・NTD聖書註解刊行会）
『愛が偽りに終わるとき』山﨑浩子（文藝春秋社）
『夕べ雲焼くる』森山諭（荻窪栄光教会出版部）
『統一協会のまちがいについて』森山諭（クリスチャン文書伝道団）
『現代日本におけるキリスト教の異端』森山諭（CLC暮らしの光社）
『「原理講論」の仮面を剥ぐ』浅見定雄（原理運動を憂慮する会）
『内村鑑三』関根正雄編著（清水書院）

『日本版・収容所列島』共産主義と宗教問題研究会（善本社）
『キリスト教年鑑』1971年版（キリスト新聞社）
『神の恵みはむだにならず』鷲山林蔵（横手聖書学舎）
『神の恵みはむだにならず　第二集』鷲山林蔵（横手聖書学舎）
『乗っ取られた日本基督教団』清水保羅（宗教新聞社）
『高き櫓』市川恭二（横手聖書学舎）
『高き櫓（続）』市川恭二（横手聖書学舎）
『東神大紛争記録』東京神学大学教授会編（東京神学大学出版委員会）
『洗脳の心理学』高橋紳吾（ごま書房）
『脱会』有田芳生&「週刊文春」取材班（教育史料出版会）
『原理運動と若者たち』有田芳生（教育史料出版会）
『人さらいからの脱出』小出浩久（光言社）
『統一協会信者を救え』杉本誠／名古屋「青春を返せ訴訟」弁護団編著（緑風出版）
『原理運動と勝共連合』榊利夫他（日本共産党中央委員会出版局）
『統一協会＝原理運動』浅見定雄（日本基督教団出版局）
『統一協会の素顔』川崎経子（教文館）
『マインドコントロールされていた私』南哲史（日本基督教団出版局）
『自立への苦闘』全国統一協会被害者家族の会編（教文館）
『親からみた統一協会の悲劇』全国原理運動被害者父母の会
『キリスト教原理主義のアメリカ』坪内隆彦（亜紀書房）
『初代教会史』H・R・ボーア（教文館）
『なぜカルト宗教は生まれるのか』浅見定雄（日本基督教団出版局）
『基督教全史』E・E・ケァンズ（聖書図書刊行会）
『ローマ帝国とキリスト教』弓削達（河出書房新社）
『教義学講座』松村克己監修（日本基督教団出版局）

参考図書

『キリスト教年鑑』1989年版(キリスト新聞社)
『統一協会からの救出』田口民也(いのちのことば社)
『霊感商法の真相』「霊感商法」問題取材班(世界日報社)
『神の救いの道―ルターの小教理問答書解説』H・U・スヴェルドラップ(聖文舎)
『日本人と祖先崇拝』橋本巽(いのちのことば社)
『終末論に関する若干の問題について』 解説:教皇庁教理聖省書簡』(中央出版社)
『霊魂の不滅か死者の復活か』オスカー・クルマン(聖文舎)
『旧約と新約の矛盾』榎十四郎(ヨルダン社)
『祖先崇拝の研究』前田卓(青山書院)
『現代キリスト教神学入門』W・E・ホーダーン(日本基督教団出版局)
『なぜいけない?占い・オカルト・新新宗教』田村昭二(いのちのことば社)
『今日の宗教ブームと悪霊の働き』尾形守(いのちのことば社)
『先祖と死者についてのカトリック信者の手引』(日本カトリック中央協議会)
『原理に入った若者たち―救出は早いほどいい』川崎経子(原理運動を憂慮する会)
『探訪・大航海時代の日本―キリシタンの悲劇』松田毅一他編(小学館)
『日本の歴史10―キリシタンの世紀』岡田章雄編(集英社)
『沈黙』遠藤周作(新潮社)
『乙女峠』永井隆(中央出版社)
『これが素顔!』(日本基督教団・統一原理問題連絡会)
『六マリアの悲劇』朴正華(恒友出版)
『私は裏切り者』朴正華(世界日報社)
『野録 統一教會史』朴正華(큰샘출판사)
『原理運動の素顔』山口浩(エール出版社)
『原理運動の秘事』林培根・金景来(韓国書籍センター)
『受難の現場』韓国歴史編纂委員会編(光言社)

『受難の源流』武田吉郎（光言社）
『淫教のメシア・文鮮明伝』萩原遼（晩聲社）
『OUR RESPONSE』（AD HOC COMMITTEE OF MEMBERS OF THE UNIFICATION CHURCH）
『統一教会批判へのワンポイント反論』末吉重人（広和）
『統一協会と文鮮明』和賀真也（新教出版社）
『真実なる結婚』テオドール・ボヴェー（ヨルダン社）
『性と愛の発見』テオドール・ボヴェー（YMCA出版）
『愛と性と結婚生活』H・P・ダン（サンパウロ）
『韓国キリスト教史』閔庚培（日本基督教団出版局）
『韓国キリスト教会史』閔庚培（新教出版社）
『統一教会の正統性』太田朝久（広和）
『統一協会ボディコントロールの恐怖』浅見定雄監修（かもがわ出版）
『キリスト教教父著作集8・オリゲネス―ケルソス駁論』（教文館）
『祝福結婚と原罪の清算』太田朝久（光言社）
『ナザレのイエス』ギュンター・ボルンカム（新教出版社）
『イエズスはキリストである』ヴァルター・カスパー（あかし書房）
『「原理講論」に対する補足説明』太田朝久（広和）
『イエス・キリスト』土井正興（三一書房）
『聖地定州』武田吉郎（光言社）
『先駆者の道』金元弼他（光言社）
『文鮮明師とダンベリーの真実』久保木修己監修（光言社）
『原理福音統一協会のまちがい』森山諭（ニューライフ出版）
『救世主現わる』那須聖（善本社）
『原理運動の研究』茶本繁正（晩聲社）
『血と汗と涙』野村健二（世界基督教統一神霊協会）
『文鮮明と統一教会』F・ソンターク（世界日報社）
『日本統一運動史』日本歴史編纂委員会編（光言社）
『聖書学方法論』木田献一他（日本基督教団出版局）
『死海文書のすべて』J・C・ヴァンダーカム（青土社）
『原始キリスト教史の一断面』田川建三（勁草書房）

『様式史とは何か』マックナイト（ヨルダン社）
『ナグ・ハマディ写本』ペイゲルス（白水社）
『私たちにとって聖書とは何なのか』和田幹男（女子パウロ会）
『イエスをめぐる女性たち』井上洋治（彌生書房）
『書物としての新約聖書』田川建三（勁草書房）
『哲学12号』川島貞雄―『聖書新共同訳』の意義と問題点（哲学書房）
『聖書解釈の歴史』出村彰・宮谷宣史編（日本基督教団出版局）
『アダムとエバと蛇』ペイゲルス（ヨルダン社）
『禁断の木の実』（ドン・ボスコ社）
『旧約聖書の智慧』ピーター・ミルワード（講談社現代新書）
『諸宗教の倫理学第1巻・性の倫理』花田伸久監修（九州大学出版会）
『キリスト教の結婚観』岩村信二（日本基督教団出版部）
『神学論争と統一原理の世界』 魚谷俊輔 （光言社）
『クリスマスの起源』オスカー・クルマン（教文館）
『ユダヤ発想の原点　創世記・上』手島佑郎（ぎょうせい）
『改訂新版・聖書ハンドブック』ヘンリー・H・ハーレイ（聖書図書刊行会）
『聖書VS.世界史』 岡崎勝世（講談社現代新書）
『パウロ・親鸞＊イエス・禅』八木誠一（法蔵館）
『これからの国際情勢と聖書の預言』高木慶太・芦田拓也共著（いのちのことば社）
『キリストと教会』山内精二（小羊会）
『イエスの生涯Ⅱ』ウィリアム・バークレー（新教出版社）
『牢獄の救世主』那須聖（善本社）
『INQUISITION』カールトン・シャーウッド（Regnery Gatewey）
『1時間で分かる現代の摂理』太田朝久（光言社）
『「脱会屋」の全て』鳥海豊（光言社）
『拉致監禁・百二十日間』川嶋英雄（J－CARP広報部）

『強制改宗』 世界基督教統一神霊協会編 （光言社）
『「マインド・コントロール理論」その虚構の正体』増田善彦（光言社）
『統一教会の検証』 魚谷俊輔 （光言社）
『愛の奇跡』武田吉郎・竹谷恒生共著（光言社）
『伝道の精神』（光言社）
『コーラン』井筒俊彦訳（岩波文庫）
『福音主義神学概説』ハンフリート・ミューラー（日本基督教団出版局）
『原始キリスト教史論考』半田元夫（清水弘文堂）
『宗教の神学』古屋安雄（ヨルダン社）
『キリスト教徒仏教徒＝対話』ティリッヒ（桜楓社）
『信教の自由とアメリカ』W・マーネル（新教出版社）
『キリスト教史③宗教改革』W・ウォーカー（ヨルダン社）
『アメリカ教会史』曽根暁彦（日本基督教団出版局）
『ピューリタン』大木英夫（中公新書）
『イギリス教会史』小嶋潤（刀水書房）
『清教徒』石原永兵（山本書店）
『ピルグリム・ファーザーズの足跡』 佐瀬順夫 （松柏社）
『現代思想』―テオドール・ライク著「原罪の起源」1979年11月 （青土社）

【資料】

「福音と世界」 1993年9月号（新教出版社）
「週刊文春」 1993年4月29日号、97年5月15日号
「週刊女性」 1993年5月11・18日合併号
「月刊現代」 2004年11月号
「国際宗教自由報告書」 1999年版、2000年版（米国国務省）
「AERA」 2008年4月14日号
「朝日ジャーナル」 1978年10月6日、87年8月7日号
「噂の真相」 1987年10月号
「週刊現代」 1995年5月27日号
「マルコポーロ」 1995年1月号

「新潮45」２００２年３月号
「ファミリー」１９９１年11月号、93年７月号、97年５月号、同年７月号、同年８月号
「祝福」１９８４年秋季号
「エクレシア会報」第18号（１９８２年３月10日）、第21号（同年６月11日）
「信徒の友」１９８８年５月号
「再び、『統一原理』問題に関する声明」日本基督教団・総会議長原忠和
「キリスト新聞」１９７４年８月３日〜９月28日、同年10月12日、同年11月16日、88年４月９日、89年５月６日、95年４月８日、
「クリスチャン新聞」１９７４年11月３日、同年11月10日、同年11月24日、76年３月21日、94年３月６日、97年９月７日
「教団新報」１９８３年３月26日、85年５月25日、同年10月26日、86年４月26日、87年４月４日、同年11月７日、90年２月24日、91年１月26日、同年７月６日、同年11月２日、同年11月16日、92年２月22日、同年３月21日
「朝日新聞」１９６７年７月７日夕刊、87年２月14日、同年９月29日夕刊、
「赤旗」１９７８年６月８日、87年５月11日、同年10月２日
「読売新聞」１９８８年６月29日、97年３月８日、同年８月26日夕刊、同年11月25日、08年２月８日夕刊、同年２月11日
「中和新聞」１９９８年４月15日、２００７年４月１日
「中外日報」２００４年３月18日
「日本海新聞」２００７年５月28日

〔著者略歴〕
太田朝久（おおた　ともひさ）
1957年、愛媛県生まれ。74年、16歳でプロテスタント系教会にて受洗。その後、牧師を目指して神学を学ぶ。
77年、世界基督教統一神霊協会に入教。超教派部、教理研究室を歴任。伝道と教理研究に専念。
99年、日本歴史編纂委員会委員。2002年、本部伝道教育部長を経て、現在、本部広報部長。
著書に『統一教会の正統性』（広和）、『聖書と統一原理』（同）、『「原理講論」に対する補足説明』（同）、『祝福結婚と原罪の清算』（光言社）、『1時間で分かる現代の摂理』（同）、他

踏みにじられた信教の自由
―多発する信者失踪事件の背景―

2008年7月1日　　初版発行

著　者　太田朝久
発　行　株式会社 光言社
〒150-0042　東京都渋谷区宇田川町37-18
電話03（3467）3105
印　刷　株式会社ユニバーサル企画

ISBN 978-4-87656-138-4